こんな路地奥に宿がみつかる。台北駅北側は安宿の宝庫だ

行きつけの寧夏路夜市。さて、今夜はどの屋台に挑もうか

寧夏路夜市の屋台たち。（右上）ただひたすら懐かしい咖哩飯。その味わいは本文で。（左上）塩酥鶏。なんでも揚げてしまう大雑把屋台。（左中）紅豆餅。台湾風今川焼きですな。（左下）下水湯。下水の意味、想像してみてください

台北市内には、こんな日本家屋の長屋が残っている。築70年？

日本風家屋は修復され、台湾風の日本料理店になっていた

徐州路のガジュマル並木。台北はガジュマルタウンなんです

台北周辺に延びる自転車専用道。荷物を運んでもOKです。自転車なら

台中の鹿港を歩く。（上）は摸乳巷。摸は触るという意味。この路地の活用法は本文で。（右）台湾は猫にとっては天国のような島

北回帰線の駅を探してコスモス畑を横切る。
真上が北回帰線。なにも見えませんが

週末台湾でちょっと一息

下川裕治　　写真・阿部稔哉

朝日文庫

本書は書き下ろしです。

週末台湾でちょっと一息●目次

台湾の通貨は元。円とのレートは、最終取材（二〇一三年五月）当時の一元＝三・四円で換算している

プロローグ

これまで台湾の話を一冊の本にまとめたことはなかった。アジアを旅する何冊かの著作のなかに、台湾を舞台にした話を書いてはいるが、台湾だけの本はなかった。僕の意識がタイを中心にした東南アジアに傾いていたからだろうか。台湾はあまりに身近な土地だったからなのかもしれない。

しかしこの島を訪ねた回数は多い。

はじめてパスポートにスタンプが捺されたのはタイだが、それから半年後には台湾を訪れている。まだ大学生の頃だった。海外への旅に興味が湧きはじめた頃に台湾を選んでいるのだ。やはり気になる島だった。

タイとの行き帰りの途中で、台湾に寄ることも多かった。やがて東南アジアへの思いは沖縄に流れ着いた。タイから沖縄へ。そのとき、いつも途中で台湾に寄っていた。そして沖縄に関する何冊かの本を書くことになる。タイと沖縄……。その間にいつも台湾という島があったのだ。

なぜ台湾の本を書かなかったのか。

薄々はわかっている。牛肉麵を食べ、夜市を歩いている間はよかったが、その先に進もうとすると、出口の見えない問題にぶつかってしまうことに気づいていたからだ。本省人《ベンセンレン》と外省人《ワイセンレン》の間に横たわる軋轢《あつれき》は、学生時代、はじめて台湾を訪ねたときから、僕のなかではくすぶっていた。あの頃、国民党は反抗する人々への弾圧を強めている時期で、街には『三民主義』や『光復国土』といったスローガンが溢れ、気楽に原稿を書くことなどできない状況だった。台北の街には重苦しい空気がいつも流れていた。それに比べれば、東南アジアの空気は軽かった。日本という国で閉塞感を抱え込んでしまった僕は、東南アジアがもつ軽やかさにとろけていってしまった。

しかし台湾は、いつもちくちくと僕を刺激していた。ビルマ（ミャンマー）の田舎町でテレサ・テンの歌を聴いたとき、生温かい台北の空気を鮮烈に思い出していた。バンコクでタイ語を勉強している身にも、本省人の李登輝《リードンフェ》が総統になったことが、クラスメイトの涙とともに伝えられたのである。台湾の民主化への動きや独立派の動向は、僕にとっては無関心を装うことができないことだった。

はじめて台湾を訪ねてから、もう三十七年にもなる。その間に、台湾は大きく変わった。本省人が総統になり、国民党から民進党に政権が移った。いまは再び国民党政権だが、選挙を経た政権という意味で、昔とはまったく違う。人々の暮らしも変わった。台北はいま、アジアで最もWi-Fiがつながる街である。

出口の見えない問題が氷解されたわけではない。しかし、台湾の人たちは、限りなくグレーの部分を巧みに操りながら、落としどころをつくりつつある。国なのか省なのかという問題すら凍結し、国際社会のなかで渡りあっている。台湾の話を一冊にまとめる時期のような気がした。

本書は『週末バンコクでちょっと脱力』に続く一冊である。週末の台湾がテーマなのだが、僕の台湾だからガイドブックという期待には応えていない。この本のなかから、週末台湾のエッセンスをつかみとってもらえればと思っている。不親切のようだが、それが僕の旅でもある。

地名や固有名詞の読み方は、日本語が堪能な台湾人の黄雅菁《ハンヤジン》さんにお願いした。戦後、台湾に移ってきた国民党は、台湾人に中国の公用語である普通語を強要した。しかし台湾人は、もともと台語といわれる福建《フージエン》語系の中国語を話していた。いまの台湾では、普通語が一般的になりつつあるが、地名や料理名などは、多くの台語が使われている。実際の読み方を表記したかったからだ。

第九章は、台湾在住の日本人に、週末の台湾旅を提案してもらった。写真はほとんどをカメラマンの阿部稔哉氏に撮り下ろしてもらった。第九章は各筆者の写真を使わせてもらっている。

出版にあたり朝日新聞出版の野村美絵さんのお世話になった。

二〇一三年七月

下川裕治

週末台湾でちょっと一息

第一章　空港バスが淡水河を越えるとき

アジアの空港に着く。そこから市内への道筋を思い返したとき、心穏やかに車窓の風景を見ていることができるのは台北《たいぺい》だけかもしれない。

アジアのほかの都市は、こう簡単にはいかない。最も訪ねることが多い都市はバンコクだが、空港からのバスや電車、タクシーは、どこか安定感に欠ける。ホーチミンの空港からのタクシーには、いまでも不安がつきまとう。上海《シャンハイ》の浦東《プードン》国際空港やソウルの仁川《インチョン》国際空港は、市内までの電車が利用できるようになって楽になったが、バス時代は大変だった。上海のバスは混みあい、ソウルのバスは路線が多すぎた。香港の空港から重慶大廈《チョンチンマンション》周辺に行くバスは乗りやすいが、オクトパスカードの残金や小銭が気にかかる。香港のバスの運賃支払い機から釣り銭は出てこない。

桃園《タオユエン》国際空港から台北市内へ向かう方法は、これ以上ないというシンプルさである。市内に向かう電車はないから、台湾の人も、外国人も個人旅行者の大多数が、空港バスに乗る。このバスは運行会社や路線で分かれているが、ランクは均一である。外国人向けの高級バスもないが、高速道路に乗らない格安バスもない。台湾ら

桃園国際空港の第１ターミナルの改修工事もほぼ終了。戸惑うほどの近代化

第１ターミナルの空港バス乗り場。わかりやすさはアジア１？

しい発想だった。迷うことなく空港バスに乗ればよかった。

台北のインフラのレベルからすれば、空港から市内に向かう鉄道があっても不思議ではなかった。しかし電車が走るという話は一向に耳に届かなかった。その工事を、はじめて目にしたのは二年ほど前だった。予定では今年（二〇一三年）に開通するはずだった。ところが、開通が一年遅れるという発表を知ることになる。そして今年、さらに一年延びるという報道が届いた。二年先である。こういう遅れはタイのお家芸かと思っていたのだが……。工事現場を見あげながら呟《つぶや》いてしまった。

桃園空港からタクシーで市内に向かうという選択肢は僕にはなかった。この空港は、一般タクシーの乗り入れを制限するためか、割増運賃が設定されていた。これは外国人観光客も台湾の人も均一だった。基本的な発想は、市内まで客を運んだ後、空車で空港に戻るため、その分を加算するというものだった。市内まで千二百元、約四千円ほどがかかった。これは一応、市内から桃園空港に向かうときも適用されることになっていた。

しかしタクシードライバーというものは、ルールと収入を天秤にかければ、迷いもせずに収入をとる傾向が強い。これは世界のタクシーに共通したことのように思う。台北のタクシードライバーもその枠組みで考えていいと思う。実際に桃園空港に着き、到着ロビーに出ると、「タクシー」と囁きかけてくるおじさんが何人もいる。白タクおじさんである。

桃園空港から台北市内まで白タクに乗ったことはないが、市内から桃園空港までの白タクには数回乗ったことがある。いろんな国で、とんでもないタクシーに何回となく乗っているからなのだが、僕は白タクへの抵抗感はほとんどない。だいたい正式なタクシーというものが存在しない国や街は、日本人が想像するよりはるかに多い。中国も地方都市に行くと正式なタクシーは減り、ただの車がタクシーになることは珍しくない。タイもバンコクを離れると、正式なタクシーはなくなってしまう。カンボジアやラオスになると、タクシーと一般車の区別は、限りなく曖昧になる。運賃をとる車はすべてタクシー、という認識をもたないと移動は難しくなってしまう。そういう世界に慣れ親しんでくると、タクシーと白タクの区別など、とるに足りないことになる。台北の場合は、正式なタクシーが相乗りタクシー化することが多いから、なんの問題もないわけだ。

僕が桃園空港まで白タクに乗った理由は大有《ダーヨウ》バスだった。大有バスは、桃園空港と台北市内を結ぶ空港バスを運行させている一社なのだが、このバスがなかなか来なかったのだ。僕は以前、雙連《シュアンリエン》界隈の中級ホテルに泊まることが多かった。このあたりから桃園空港に行こうとすると、大有巴士《バーシー》と書く大有バスが便利だった。國《グゥオ》賓《ビン》大飯店の前にバス停があったのだ。ほかの空港行きバスよりやや安いこともありがたかった。

数年前のある朝だった。僕は國賓大飯店前のバス停でバスを待った。十分、二十分と時間はすぎたが、バスは一向に姿を見せなかった。空港までは一時間ほどかかる。早朝だから渋滞はない。五十分ほどで着くだろうか……。飛行機の出発時刻を気にしながら、腕時計を眺めることになる。そんな心の裡《うち》を見透かすように、一台のタクシーがバス停前に停車した。

市内と桃園空港の間には、四社のバスが走っていた。そのなかで、運行スケジュールが最もアバウトなバスが大有バスだった。タクシー運転手は、そんな事情を知っているかのように、大有バスの停留所に集まってくるのだ。

数人の客が待っていた。台湾人ばかりだった。女性もひとりいた。皆、三十分近く待っている。客の間に緊張が生まれる。空港までのタクシー代は八百元が相場だった。四人が同意すれば、ひとりの運賃が二百元になることを皆が知っているのかどうかはわからなかった。しかし何人かが集まれば、運賃が頭割りになることは、勘定高い台湾人は瞬時に理解したはずだった。あとはフライト時刻と大有バスがい

時刻表を信じてはいけない大有バス。その分、ちょっと安いのですが

つ現われるかの読みだった。飛行機に乗り遅れたときの損得にも思いをめぐらしただろう。

台湾で最も多いのは福建《フージエン》系の漢民族である。福建系の人々はのんびりしているといわれる。しかしそれは、漢民族の間での比較であって、羊を追って一日が終わる遊牧民とはレベルが違うのだ。以前、台湾中部で大地震があった。その翌朝、ある新聞の一面トップに、こんな見出しが躍った。

――建設株が買い

「だから台湾はだめなんだよ」

と日本語が堪能な台湾人が話してくれたことがあった。

東日本大震災の後、台湾からは二百

億円を超える義援金が届いた。その額は世界でいちばん多かった。しかし地震の後、建設株に走る人々でもあるのだ。

そんな台湾人である。目の前の白タクをめぐって、損得勘定が頭のなかを高速で駆けめぐったはずである。

運転手が車から降りてきた。そしてバス停に立つ客に向かって話しかけた。しかし台湾人たちの反応は鈍かった。バスで間に合うと読んだようだった。焦っていたのは僕ひとりだったのかもしれない。フライト時刻は二時間半後に迫っていた。そんな表情を運転手に読まれたのかもしれない。運転手はタクシーに乗りそうもない台湾人を諦めたかのように僕に視線を向けた。

「七百元」

日本語だった。年配の運転手は笑顔をつくった。

しかし高かった。いま、バスが姿を見せれば、九十元で桃園空港に着くことができる。八百元を七百元まで値下げしてきているのだが、これも微妙な額である。台湾人がひとり、タクシーで行くことを同意すれば、ひとり四百元まで下がるだろう。もうひとり手を挙げれば三百元……。しかし僕は中国語を話すことはできない。祈るような思いで、バスが来る方向に視線を向けた。市内を走る路線バスは次々に来るのだが、大有バスは姿を見せない。

じりじりと時間だけがたっていく。もし、ひとりが周囲の客に話しかけ、苦笑いでもつくってくれれば少しは気楽になったのかもしれない。これが東南アジア、タイだったら、タクシー運転手が盛んに声をかけるだろうし、バスを待つ客の間にも会話が生まれる気がする。北京や上海ならどうだろうか。運転手の態度は居丈高で、なんだかこちらが萎縮《いしゅく》してしまう状況に陥るかもしれない。「乗るのか乗らないのか、はっきりしろよ」などという言葉が響くかもしれない。しかし、台湾の人たちの口は開かない。タクシーの相乗りは違法だという認識はある。だが、意図的に告発しなければばれることはまずない。しかしひとりなら七百元……これは高い。迷いながらも口は閉じられている。そのあたりが、日本人と似ているのかもしれない。台湾人は、そのレベルこそ違え、簡単に結論を出せない問題のなかで、いつも悩んできた人たちだった。そしてその葛藤の背後には、いつも金が絡んでいた。

日本人の僕には、また別の文脈の悩みがある。東南アジアや中国ほどではないにしても、日本人はやはり金もちに映る。昼食代が百元、日本円で三百四十円ほどになる台北にいると、豊かな日本人像は、もはや残影にすぎないと、飛ぶように財布から消えていく百元札を眺めながら呟く。しかし台湾の人たちの意識に刷り込まれてしまった金もちイメージはなかなか消えてくれない。

七百元という値段に同意すれば、そういう視線に晒《さら》されることはわかっていた。タクシー代を気にしない旅行者だったら、いま頃、ホテルから空港に向かう車に乗っているのだろうが、バス停に立ってしまったおかげで、つらい選択を迫られてしまっていた。

もとはといえば、大有バスがなかなかやってこないことがいけないのだ。時計を見た。このバス停に立って四十分ほどがたっていた。台湾人、僕、そしてタクシー運転手の三つ巴の膠着《こうちゃく》状態は続いていた。傍《はた》から見れば、バス停の前に数人の客がいて、その前にタクシーが停まり、ドアの前にドライバーが立っているだけなのだが。

運転手が僕に視線を向けた。

「六百元」

負けた。

まるで計っていたかのようなタイミングだった。運転手は毎朝、このバス停に車を停めるのかもしれなかった。フライト時刻が迫っているのは僕だけと読んでいたのだろうか。ここで話がまとまらなければ、市内を流したほうがいいと判断したのかもしれない。

背中に視線を感じながら、そそくさと車に乗り込んだ。タクシーはすぐにエンジンをかけた。これで飛行機には間に合うが、悔しかった。

バス停に残った台湾人たちの状況を考えてみる。大有バスが遅れることをみこして、時間に余裕をもってバス停に並んだのだろうか。いや、台湾人は金にはうるさいが、どこか鷹揚《おうよう》なところがある。ということは、大有バスが間もなく来ると読んでいるのだろうか。答えは出そうもなかった。

台湾のタクシーではもう一回、飛行機に乗り遅れそうになったことがある。あれはバンコクから台北に寄り、沖縄の那覇に向かうときだった。当時、台北と那覇間には朝と夕方の便があった。沖縄の基地にいるアメリカ兵やその家族、基地で働くフィリピン人、台湾人や沖縄の人などで混みあう便で、朝の便しか席をとることができなかった。

朝の七時台のフライトだった。空港には五時すぎには着かなくてはならない。当時、空港に向かうバスにはそれほど詳しくはなく、この時間帯はタクシーしかないと思っていた。

七百元で話がついたタクシーは、早朝の台北市内を走り、高速道路に入った。三

十分ほど走った頃だったろうか。運転手が突然、

「ハア〜ッ」

と台湾人らしからぬ声をあげた。すると車はプスプスという音を残して止まってしまった。エンストのようだった。運転手はエンジンをかけ直そうとしたり、アクセルを踏んだりしているようだったが、意外なほどあっさりと諦め、シートベルトをはずした。こんなに簡単にハンドルから手を離してもらっては困るのだ。僕は飛行機に乗らなくてはならなかった。高速道路の上では、ほかに空港に向かう手段がない。なんとかエンジンがかからないか……。もう少しあがいてほしかったのだ。

しかし僕は中国語ができないから、運転手を見守るしかない。中年のおじさん運転手だった。彼は車から降り、止まってしまったタクシーの前に立って、百キロ近いスピードで走り抜ける車に手を振りはじめた。僕は時間を気にしながら、後部座席に座り、停まってくれる車を待つしかなかった。

ブレーキを踏んでくれる車はなかなか現われなかった。しばらく眺めていると、運転手が停めようとしているのは大型トラックやバスばかりだった。早朝だからトラックやバスが多くなるのはしかたないことなのかもしれなかったが、ふと考えると、長距離トラックやバスの多くは空港には向かわず、台中《たいちゅう》や台南《たいなん》をめざしている

この高速道路上でタクシーを拾った。けっこう怖い体験でした

はずだった。

タクシーの前で手を振っているのだから、桃園空港へ向かう客を乗せたタクシーがトラブルに遭ったことは容易に想像がつく。仮に人のいい運転手がいたとしても、ひとりの日本人を乗せ、桃園空港近くのインターで高速を降り、僕を降ろして、再び高速に戻るようなことをするだろうか……と思う。台湾人はそこまで人がいいわけではない。それ以前に、彼らはプロの運転手なのだ。トラックの運転手は、決められた時刻までに積み荷を届けないといけないだろう。バスには乗客がいるわけだから、勝手なルート変更も難しいはずだ。

「桃園空港に向かう車じゃないと、停まらないと思うんだけどな」

車のなかでひとりごちる。台湾人は日本人の性格がわかっているような顔をしながら、しばしば大陸的な大雑把な行動に出る。日本の支配が五十年に及んだといっても、血筋は中国の福建人が多数派を占める。島に暮らしているといっても、流れているのは広大な大陸の血ということだろうか。

なかなか車は停まらなかった。タクシーを降り、一緒に車を停めることにした。高速道路の上は、大型車が走り抜けるたびに揺れた。僕は運転手に、

「タクシー」

と伝えた。タクシーを一緒に停めようという意図を伝えたかった。おじさん運転手は、わかった、といった表情だったが、相変わらずトラックやバスを狙う。それでも僕を気にしているのか、タクシーや小型車に向かっても手を挙げた。

それから十分、いや二十分ほどたっただろうか、客をひとり乗せたタクシーが停まった。運転手同士でなにやら言葉を交し、停車した運転手が乗客になにやら伝え、話は簡単に決まった。運賃で少し悩んだ。財布をとりだすと、僕が乗っていたタクシーの運転手は片手を広げて、少し笑った。五百元でいい、ということのようだった。乗り移ったほうの運転手は運賃をとらなかった。上海や北京なら、こうスムー

ズにことは運ばなかったかもしれない。

市内から桃園空港——。数少ないタクシー体験でも、この程度のストーリーはある。数多く乗れば、台北の空港タクシーはそれなりに大変な乗り物なのかもしれなかった。

しかし台北にはもう一種、さらに高級なタクシーがある。リムジンタクシー、日本でいったらハイヤー感覚の車である。運営は一般のタクシー会社ではなく、チャーター車専門の会社である。以前、タイのチェンマイに住む新里愛蔵さんという老人と一緒に、台北経由で沖縄を往復したことがあった。彼はチェンマイで脳梗塞を患い、車椅子の暮らしだった。新里さんの出身は沖縄の名護《なご》だった。若い頃に東京に出、中野で泡盛酒場を営んでいた。チェンマイが気に入り、中野の店をたたんで移住した。長い間、沖縄に帰ることはなかった。しかしチェンマイで新たに腎臓疾患がみつかり、人工透析も受けなくてはならなくなってしまった。チェンマイで死ぬ……と心に誓った七十歳を超えた頑固な老人だった。僕は新里さんの人生を一冊の本にまとめたことが縁で、彼と一緒に何回か東京を往復した。チェンマイと東京を結ぶ便は、乗り換えにはなるが選択肢は多かった。しかしチェンマイから沖縄となるとそうはいかなかった。台北乗り継ぎになってしまい、往復とも台北での一泊が必要だった。

桃園空港と市内の間をどうしようか……。そのときにリムジンタクシーを使った。空港で運転手が待っていた。行き先も告げてあったから、なにひとつ問題はなかった。片道で二千元が必要だったが。

タクシー話が長くなってしまった。しかし僕が桃園空港と台北市内の移動で乗るのは、圧倒的に空港バスである。空港を出発したバスが、淡水河《ダンシュイフォウ》を渡って台北の市街に入っていくとき、いつも台北に着いたことを実感する。

かつて、地下鉄の雙連駅に近い中山北路《ジョンシャンベイルー》界隈のビジネスホテル風宿に泊まることが多かったことは少し触れた。綠峯《リューフォン》、大欣《ダーシン》、柯達《クーダアー》、金星《ジンシン》といった中級ホテルだった。昔から、ホテルを予約することが嫌いだった。このあたりまで行けば、必ずどこかに泊まることができた。どのホテルも日本人客に慣れていた。ホテルによっては日本語も通じた。問題は値段だった。一泊、日本円で六千円、七千円というホテル代は高かった。そこで安宿を探すことになるのだが、そのあたりは第二章でお話しする。地下鉄の雙連駅周辺で最も都合がよかったのが大有バスだった。

松江路《ソンジャンルー》にある勝美旅行社《ションメイリュウシンシャ》という旅行会社に用事があることも多かった。そこから空港に向かうには長榮《チャンロン》バスが好都合だった。すでに亡くなられてしまったが、勝美

松江路周辺のホテルに行くなら、この長榮バスがいちばん便利

最近はもっぱら國光客運。早朝ＬＣＣにも國光客運なら間に合う

旅行社の李清興《リーチンシン》さんという社長が、

「このくらいはサービスさせてくださいよ」

と流暢《りゅうちょう》な日本語でバスの切符を無料で譲ってくれたことも何回かあった。

あの頃、僕の桃園空港と市内の足は、大有バスと長榮バスだったのだ。

桃園空港から市内までは四社のバスが運行している。そしてそれぞれ、ルートが違う。僕は『歩く台北』という地図型のガイドブックの制作にかかわっている。そのおかげで、それぞれのバスの使い勝手についてはだいぶ詳しくなった。

市政府付近や敦化南路《ドゥエンファナンルー》、復興《フーシン》南路あたりなら大有バスの東線になる。このあたりには、ハイアット、遼東《リャオドーン》、福華《フーファー》などの高級ホテルが集まっている。復興北路、松江路といったら長榮バスになる。中山北路に面したホテルに泊まるなら國光客運《グゥオグゥアンクーユゥイン》のバスが便利だ。光復《グゥアンフー》北路や敦化北路界隈といったら建明《ジィエンミン》客運のバスになる。

宿泊先ホテルの前やその近くを通るバスを選ぶ……それは空港バス選びの王道である。しかし、バス路線で宿を決めていく……という発想があってもいい。僕自身の宿選びを、つらつらと思い返してみると、そんな気にさえなってくるのだ。

理由は國光客運の空港バスだった。このバスは、台北駅と桃園空港を結んでいるのだが、本数が多い。十分から二十分の間に、必ずバスが現われる。台北駅から空港に向かうときは、すぐに淡水河を越えてしまう。つまり混みあう市街地を通らずに高速道路に乗るのだ。おそらくどのバスよりも早く空港に着く。乗っている時間はタクシーと変わらないかもしれない。タクシーの相場は八百元である。しかし國光客運のバスは百二十五元。どうしてもバスになびいてしまう。僕のような旅行者にとっては当然の流れだった。

バス運行の安定感は國光客運が一歩リードしていた。次いで長榮バス、建明客運という順番だろうか。大有バスは、僕が待ちきれずにタクシーに乗ってしまったような運行状況である。長榮バスと大有バスは、空港手前で高速道路から降りてしまうルートもある。台北市はいま、住宅が郊外へ、郊外へと広がっている。桃園空港の周りにもマンションがずいぶん建っている。このエリアをまわって空港に向かうのだ。そこでの渋滞もあるが、それ以前に、帰宅時間にぶつかると、このバスに乗ることができなくなってしまう。始発近くで満席になってしまうのだ。

夕暮れどき、松江路で桃園空港行きの長榮バスを待ったことがあった。バスはそれなりの頻度でやってくるのだが、すべてが満席でバス停を通過してしまうものばかりだった。二時間ほど待っただろうか。その日は深夜発の便で時間に余裕があったからよかったが、夜の八時、九時といった便なら、かなり焦っていたはずである。

消去法で便利さを考えていくと、やはり國光客運になってしまう。僕の定宿は地下鉄の雙連駅周辺から、台北駅近くの宿に移っていったが、そんな移動の理由のひとつは、國光客運のバスだった。桃園空港に到着し、國光客運のバスで終点の台北駅で降りる。そこから歩いていくことができる場所にある宿はずいぶん楽だった。ドミトリーのあるゲストハウスも、一軒、また一軒と台北駅近くに移る傾向が生まれていた。台北は外国人が利用するゲストハウスが少ない街だった。日本人の旅行者の間で知られていたのは、大城《ダーチェン》かユースホステルという時代が長かった。バンコクのカオサン、香港の重慶大廈といったゲストハウスが集まる一帯もなかった。そんななか、知人の日本人が一軒のゲストハウスを開いた。3LDKのマンションを借り、そこに二段ベッドを入れるスタイルだった。地下鉄の忠孝新生《ジョンシャオシンシェン》駅の近くだった。

どんなシステムなのか……と一度、泊まってみたことがあった。夜、知人の携帯電話が何回も鳴った。その夜、宿泊の予約を入れている日本人たちだった。この宿に最も早く着くには、長榮バスに乗ることだったが、間違えずにバス停で降りることができるか不安が募る。バスというものは、電車と違い降車が難しい。中国語は聞きとれないから、座席で落ち着かない時間をすごすことになる。バス停に降りたら降りたで、右も左もわからない。地図を天地左右とくるくるまわしながら、目印のビルを探すことになる。それでもよくわからないと、電話に頼るしかない。日本を出発するとき、スマホや携帯電話を海外でも使える契約にしている人はいいが、それがない人は公衆電話に頼るしかない。しかしその公衆電話がなかなかみつからない。

対応するゲストハウスのスタッフも大変で、客が辿り着くまで待たなくてはならない。

そこへいくと台北駅周辺は楽だった。國光客運のバスの終点が台北駅なのだ。もう少し詳しくいうと、台北駅に停車した後、駅舎の隣にある國光客運のターミナルまで行く。もっとも、ほとんどの乗客は台北駅で降りるから、ここが終点のようなものだった。ゲストハウスが台北駅近くに集まってくる理由のひとつは、國光客運だった。

先日、スクートというシンガポールのＬＣＣで台北から帰国した。スクートはシンガポール―台北―成田という路線を飛んでいる。成田―台北間を飛ぶ便のなかでは、最も運賃が安かった。成田国際空港発は正午頃だが、台北の桃園空港を出発するのは朝の七時前後という時刻になる。

こんなときにも威力を発揮するのは國光客運のバスだった。朝の四時に起き、台北駅脇にあるバスターミナルに向かった。國光客運の始発バスは四時半発だった。早朝だから四十〜五十分で桃園空港に着くはずだった。まだ暗い台北の街を五分ほど歩いてバスターミナルに着いた。バスターミナルの入口はまだ閉まっていたが、そのドアの前には、すでに四、五人の客が待っていた。道路沿いにはタクシーが二台停車していた。運転手がドアの前に立つ乗客に声をかける。僕には、

「二百元」

と日本語である。四人の客が集まれば発車という、相変わらずの客引きである。ドアの前に集まる客は皆、黙っていた。少しずつ客が集まってくる。時計を見ると四時十五分である。

ひとりの台湾人青年が運転手の誘いに乗った。もし、これから乗ろうとしているのが大有バスだったら、心は乱れたかもしれない。しかし國光客運である。

「いや……あの青年には悪いけど、バスを待ったほうがいいんじゃない」

そんなことをいったら、タクシー運転手に睨《にら》まれるのだろうが。

四時二十分。職員が現われて、ドアを開けてくれた。二十人近くになっていた客

はターミナル内に入る。すでにバスが待っていた。発券カウンターに並んだ。そこに時刻表が掲げてある。四時三十分の次は四時四十分、その次は四時五十五分……。

「ほらね」

四時半の始発バスがあることは知っていたが、その次のバスが十分後とは知らなかった。早朝からこの頻度なのだ。

バスは四時三十分に発車した。タクシーに乗ってしまった青年は、なかなか乗り込んでこない客を待って焦っているのかもしれない。運転手は、

「どう、七百元でさっと行っちゃわない？」

などと、声をかけているのだろうか。

日本からの飛行機

日本と台湾を結ぶ路線は、LCCの乗り入れが遅れた。韓国路線、上海路線では安いLCCが話題になっていた時期も、既存の航空会社間の競争が続いていた。

風穴を開けたのは、シンガポールをベースにするLCC、ジェットスター・アジアだった。関西国際空港から台北経由でシンガポールを結んだ。関西と台北間がぐっと安くなった。

その時期がしばらく続いたが、昨年（二〇一二年）、成田空港と台北を結ぶスクートというLCCが就航。首都圏と台北がLCCで結ばれ、日本と台湾間も、本格的にLCC時代に入ってきた感がある。関西空港発では、日本のLCCであるピーチも台北への就航を開始、今年（二〇一三年）、成田と台北間にエアアジアも就航した。台北路線もLCCを抜きにしては語ることができなくなった。

成田空港に乗り入れたスクートは、シンガポール航空がつくったLCCであ

成田空港と桃園空港を結ぶスクート。首都圏と台湾間もＬＣＣ時代に突入した

る。シンガポール航空は、タイガーエアウェイズという中・短距離を得意にするLCCをすでに運航させているが、それより長い距離を飛ぶLCCとしてスクートを運航させた。

チャイナエアラインとエバー航空という台湾系航空会社、そして日本航空と全日空という日系航空会社は、

「LCCに運賃をかきまわされてしまっている」

というが、気軽に台湾に行くことができるLCCの功績は大きい。既存の航空会社の運賃に比べれば、スクート、ジェットスター、ピーチは往復で一万円から二万円は安いといった感覚だろうか。時期にもよるが、

成田空港と台北間が三万円、ときに二万円を切ってくる。こんな運賃を目にしてしまうと、ついうれしくなってしまう。週末台湾の旅も、金銭的な負担がずっと軽くなる。

今年（二〇一三年）に入り、何回かスクートを使って成田空港と台北を往復した。ＬＣＣについては、評価が分かれるが、遅延もなかった。機体も大きく、ビジネスクラスに相当する席もある。ＬＣＣも新しい時代に入ってきたことを予感させてくれる航空会社である。

ネックになるのは、台北から成田空港に帰る便の時間帯だろうか。シンガポールと成田空港を結ぶという条件もあるのだろうが、台北駅を朝の四時半発のバスに乗らなくてはならない。

台北には桃園空港以外に、もうひとつの国際空港がある。松山《ソンシャン》空港という市内に近いというより、市内にあるような空港である。日本でいったら福岡空港の感覚だろうか。いや、もっと隣接している気がする。

以前、松山空港発の早朝便で金門島《ジンメンダオ》に向かったことがあった。そのときは、同行する知人の家に泊めてもらった。前夜、空港までどう行くのかという話になったとき、知人はこういった。

スクートの客室乗務員には日本人も。機内販売の食事も、ほかのＬＣＣとはひと味違う

「早朝でバスも少ないから、歩いていきましょう」

「歩く？」

朝、実際に歩いたのだが、行天宮《シンティエンゴン》の近くから三十分ほどで松山空港に着いてしまった。それほど市内にある空港なのだ。

この空港は国際便も離発着する。週末旅ということを考えたとき、その利用価値があがってくるのが、羽田空港とこの松山空港を結ぶ便である。チャイナエアラインの朝七時二十分に羽田空港を出る便に乗ると、午前十時には松山空港に着いてしまう。そこがもう台北市内というわけだ。

『週末アジアでちょっと幸せ』（朝日新聞出版）で、この便を利用し、台湾の温泉に向かった。朝の十時に松山空港に着き、そこから地下鉄に乗って台北駅へ。そこからバスに乗って陽明山《ヤンミンシャン》の山懐にある馬槽《マーツアオ》温泉に浸《つか》った。湯船で日本を出発してからの時間を指で数えると六時間ほどしかたっていなかった。東京から東北の温泉に行くような感覚である。

帰国便は松山空港を日曜日の夕方六時十五分発の便にすれば、土曜、日曜をたっぷり台湾……という旅を組みたてることができる。

羽田空港と松山空港を結ぶ便は、当初はビジネスマンの出張利用を目論んでいたといわれる。しかし思っていたほどの集客はなく、観光客の割合のほうが多いとも聞く。そのせいか、運賃もそれほど高くない。昨年（二〇一二年）の一月に利用したが、運賃は往復で四万四千二百円だった。

第二章　台湾式連れ込み安宿に流れ着いた

まとめた人の顔は見えないのだが、ウィキペディアで自分の名前を検索すると、こんな一文が出てくる。

——バスや列車を乗り継ぐ「バックパッカー」スタイルでの旅を書き続けている。

自著のプロフィールにも、そう書いてある。バスや列車を乗り継ぐ旅という意味では「バックパッカー」なのだが、「バックパッカー」のスタイルが宿にまで及ぶと、少し首を傾げてしまう。別にそういう縛りがあるわけではないが、バックパッカーは、安宿のドミトリーという、二段ベッドに体を横たえるようなイメージがある。しかし僕は、ドミトリーというスタイルが苦手である。もともと、陽気な旅行者ではない。自分から知らない人に声をかけることも少ない。そういう性格がわかっているから、ドミトリーに泊まると、ことさら陽気に振る舞ってしまうようなところがある。自分で笑顔をつくっておきながら、自分でその表情に疲れてしまうのだ。

自分の旅のスタイルを前面に出してくる旅行者も苦手だった。ドミトリーに泊まると、たまにそんな人が向かいのベッドにいたりする。ドミトリーを避ける理由はそんなところにもあった。

宿代はできるだけ安くしたいが、ドミトリーを敬遠する旅行者はいるようで、バンコクのカオサンや香港の重慶大廈《チョンチンマンション》には、ベッドをひとつ置くと、もう立つスペースがなくなるような狭い個室を備えたゲストハウスもあった。

台北は、もともとバックパッカーが少ない街だった。彼ら用のゲストハウス街はなく、日本人の安宿派が泊まるのは、大城《ダーチェン》というゲストハウスかユースホステルだと聞かされていた。どちらにも食指が動かなかった。

台湾という島を目的地に選ぶバックパッカーがそもそも多くなかった。バックパッカーというものは、列車やバスに乗って国境を越えていくような旅を好むものだが、一度、台湾という島に足を踏み入れてしまうと、この島から出る方法は限られてしまう。最近では、金門島《ジンメンダオ》から中国に渡ることもできるようになったが、僕がはじめて台湾を訪ねた三十七年前、台湾を支配した国民党は、中国大陸を奪回するという旗印をあげ、戦時体制を敷いていたのだから、旅行者の足は飛行機に限られていた。

台湾の物価もバックパッカーに二の足を踏ませていた。日本よりは安かったが、東南アジアやインド方面に比べれば、台湾の物価はかなり高かった。

はじめて台湾を訪ねたとき、僕はまだ大学生で、バックパッカーという旅のスタイルも知らなかった。日本からの飛行機で隣に座った中年サラリーマンが泊まるというビジネスホテル風のホテルに泊まった記憶がある。その後も何回か訪ねているが、台湾人に紹介された金星飯店《ジンシンファンディエン》に泊まることが多かった。地下鉄の雙連《シュアンリエン》駅に近いホテルだった。一泊四千円ぐらいだった気がする。

教えてくれた台湾人の知人は、以前、日本人ツアーの添乗員をしていた。

「昔はツアー客も泊まったホテルなんですが、いまは古くなってしまってほかのホテルを使ってます。でも、顔が利きますから、割引料金にしてくれますよ」

彼は何人もの日本人に宿を紹介していたが、そのなかでもいちばん安いクラスだった。

しかし金星飯店が快適かというと、そんなことはなかった。古く、暗いホテルだった。いつもいちばん安い部屋にしてもらっていたが、そこには窓がなかった。日本人客を意識して、壁には障子がはめられていたが、そこを開けるとただむき出しのコンクリート壁があるだけだった。

すべてが中途半端だった。宿代は高くはなかったが、安くもなかった。フロントでは日本語が通じたが、サービスがいいわけではなかった。

アフリカやインド、東南アジアの安宿に泊まり歩く旅は何回も繰り返していたが、台湾では、そういうことができないと思っていた。だいたい、バックパックを背負った欧米人をほとんど見かけないのだ。

「なんとかならないだろうか……」

金星飯店に泊まりながら、いつも考えていた。一泊四千円という出費も痛かった。一度、桃園《タオユエン》空港のホテル案内でホテルを探してもらったことがあった。最も安いホテルを頼んだ。そこには背広姿の中年男性がいて、流暢な日本語で、弘宮《フォンゴン》飯店というホテルが安いと伝えてくれた。一泊五千円ぐらいだった気がする。長年、この職場でホテルを斡旋《あっせん》してきたような人だった。その場で電話をかけた。弘宮飯店に空室と値段を確認しているようだった。

バンコクやクアラルンプール、そしてシンガポールといった空港のホテル予約センターを何回か利用していた。どこもカウンターの上にホテル名と宿代が書かれたリストがあり、そのなかから安いホテルを探し、伝えればよかった。一時期、バンコクのホテル予約センターには、マレーシアホテルという中の下クラスも記載されていた。シンガポールでは、ゲイランという風俗街にある半分連れ込みのような宿も載っていたし、ホテル学校の生徒が研修をするホテルを紹介されたこともある。だから安いのだ……と。

どのカウンターも淡々と職務をこなす、ごく普通の予約センターだった。女性が座っていることが多かった。しかし、台北の桃園空港のそれは、同じような看板を掲げているのだが、どこか客引きの臭いがした。男性は宿代の裁量権ももっていて、カウンターに現われた客の財布の中身を推し量りながら、ホテルを決めているようなところがあった。

嫌な予感がした。長春路《チャンチュンルー》に面し、林森北路《リンサンベイルー》にも近い所にホテルはあった。フロントでのやりとりは日本語で、ホテル内にも日本語が溢れていた。チェックインをしたのは、夜の八時をまわっていた。僕は近くの食堂でビールを飲み、牛肉麺《ニュウロウミィエン》を食べてホテルに戻った。なにげなくテレビをつけ、チャンネルをかちゃかちゃまわしていると、突然、日本のアダルトビデオが映し出された。その画像は無修正だった。あの時代のホテルだった。僕がはじめて台湾を訪ねた頃、台北は日本人の男性にとっては女と遊べる街として知られていた。僕より少し年上の年代は、右肩あがりの経済成長のなかで、台湾への社員旅行を経験した人が少なからずいる。僕はその世界に縁はなかった。別に紳士ぶるつもりはない。大学時代に台湾を訪ね、その空気は嗅いでいたが、金がなかった。勤めた先が新聞社だから、社員旅行もなかったし、仮にあったとしても、新聞記者がぞろぞろと曖昧宿に行くこともできなかっただろう。しかしあの時期、日本人を相手にしたセックス産業は、台北の街を支えてもいた。

繁華街には、日本人男性向けの理髪店が軒を並べていた。観光理髪店と呼ばれる店だった。いまでも台湾には残っているらしいのだが、この種の店は髪を切ることが目的ではなかった。奥には個室が用意されていた。

僕がたびたび台湾を訪れるようになった頃、日本人の買春ツアーは下火になりつつあった。世間の批判に加え、台湾での売春防止法の影響もあったといわれる。しかしそういう世界で生きてきた人たちが、簡単に生業を変えないのも世の常である。巧妙にカモフラージュしながら生き延びていくわけだ。台北の林森北路には、ホステスを置く店がぎっしりと連なり、その延長には日本人客とホテルに向かう道筋がつくられていた。弘宮飯店はそんな客を受け入れるホテルだった。果たして夜になると、廊下から間延びした日本人男性の声と、妙に甲高い台湾人女性の日本語が聞こえてくるのだった。

数年の間、僕はそんな界隈《かいわい》のホテルを転々としていたことになる。老朽化したホテルばかりだったから、ランクでいえば二流、三流である。どこもセックス産業を受け入れてきたことが歴然とわかるホテルだった。台湾の観光業にかかわる人たちに教えられたホテルは、その世界の枠組みのなかから抜け出すことが難しかった。

きっかけは一軒のホテルだった。地下鉄の雙連駅界隈から南下し、台北駅を越えたところにあった南国大飯店《ナングウオダーファンディエン》というホテルだった。南国大飯店と聞くと、南の国の高級ホテルのように聞こえるかもしれないが、建てられてから三十年はすぎたような外観で、旅社と呼んだほうがよさそうなホテルだった。なぜ気になったのかといえば、その入口に宿代が掲げてあったからだ。

〈住宿《ジュウスウ》600元　休息《ショウシー》300元〉

本当にこの宿代ですむのかはわからなかったが、六百元は安かった。当時のレートで二千円もしなかった。ここに泊まることができれば、宿代は半分になる。しかし気になるのは、「休息」の二文字だった。住宿は一泊という意味だと想像できたが、休息は日本のラブホテルのご休憩のような気がした。つまり台湾人のラブホテルの臭いがした。アジアには中国系のおじさん向けの旅社と呼ばれるホテルがあった。暑い午後、その部屋で昼寝をする人もいた。本当の休息だった。しかし南国大飯店は別の意味の休息用の雰囲気が漂っていた。

以前、基隆《ジーロン》の街で泊まったホテルは、日本のラブホテルに似ていた。フロントの前に立つと、後ろのパネルのなかから部屋を選べといわれた。そこにはパリ、ニューヨーク、ローマなどといった街の写真が映し出されていた。困ってニューヨークを選んだ。部屋のなかがニューヨークっぽいかというと、かろうじて壁にニューヨークの写真が飾ってあるだけだった。あれはラブホテルだったのか、いまになってみると首を傾げてしまうが。

南国大飯店のなかに入ってみた。太ったおばさんが小さなフロントに座っていた。

「あの……部屋は？」

英語で訊いた。

「没有《メイヨー》」（部屋はない）

ぶっきらぼうな声が返ってきた。南国大飯店は五、六階建てのビルで、満室になっているとはとても思えない雰囲気だった。しかし、「没有」といわれてしまうとどうしようもない。帰ろうとすると、人のよさそうなおじさんが入ってきた。

「日本人ですか」

日本語で声をかけられた。そして昼すぎに来なさいと伝えてくれた。つまり予約などといった発想はなく、その日一日、あるいはご休憩の目的で使う宿で、部屋に入ることができるのは午後からという宿のようだった。台北駅前にある簡易宿といったところだろうか。

その日の午後、僕はなにごともなかったかのように、南国大飯店の部屋にいた。宿代は八百元だった。部屋は建物に見合って古かったが、掃除はゆき届いていた。台湾の地方都市へ行くと駅前にある宿の趣だった。僕のような旅行者にはなんの問題もなかった。

僕は日本人向け連れ込み宿から、台湾人向けの連れ込み宿に移ったわけだ。気になったのは周辺で目にする日本人だった。近くに華華《ファファ》大飯店や天成《ティエンチェン》大飯店といった一泊一万円クラスのホテルがあり、そこに泊まる日本人の家族連れや女性客が多かったのだ。こぎれいな身なりをした日本人女性から、「あのおじさんは、台湾人向けのラブホに泊まっている」と白い目を向けられそうな気がした。

僕は聖人君子の顔をして旅を続けているわけではない。日本人観光客が近くをうろつく中年の日本人にそれほど関心を抱くこともないだろう。しかし連れ込み宿に泊まっていると、妙に周りの視線に過敏になってしまう。

日本人向けの旅行サイトを運営する日本人の知人に、南国大飯店に泊まっている話をした。彼が見学にやってきたが、そこでこのホテルは近々とり壊されることを知った。新しい安宿を探さなければならなくなった。

南国大飯店に泊まるようになって、台北駅周辺の便利さを知った。第一章でもお話ししたように、桃園空港との往復に國光客運《グウオグウアンクウーユウイン》のバスを使うことができたのだ。台北駅の北側で安宿を探すことにした。

後日談になるが、南国大飯店はなかなかとり壊されなかった。場所柄から、新しいホテルになるような気がしたが、その資金ぐりで難航していたのかもしれない。ところがその間に、南国大飯店は、日本人のバックパッカー宿として有名になっていってしまう。無愛想なおばちゃんや腰の低いおじちゃんにしたら、次々にやってくるザックを背負った日本人に戸惑っていたかもしれない。そのなかには、日本人の若い女性もいるわけで、長年、駅前で日本でいう木賃宿兼ラブホテルにかかわってきた人たちは、

「日本の若者は、そんなに貧しいのか……」

と溜息を漏らしながら、宿代を受けとっていたのかもしれない。それだけ台北には安宿が不足していたということでもあるのだが、南国大飯店は、降って湧いたようなバックパッカー人気で小金を貯めて、その歴史を閉じることになるのだ。

台北駅北側の路地に分け入って、ここが安宿の宝庫であることを知った。住宿と

休息の宿代を掲げる店が次々に見つかったのだ。周囲に日本人が泊まるようなホテルもなかった。街は下町風情《ふぜい》で、問屋街のような一画もあった。僕はようやく、台北という街のなかの居場所がみつかったような気分だった。はじめて台北にやってきてから、二十年以上がたっていた。

僕は台北にやってくるたびに、台北駅北側の安宿を一軒一軒泊まっていくことにした。一軒の宿に泊まり、その近くを歩いていると、またみつかる……といった状態だった。おそらく、台北駅北界隈で、三十軒を超える安宿があった気がする。

はじめに泊まったのは獅城《シーチェン》大旅館というたいそうな名前の連れ込み安宿だった。大きな看板を出していて、そこには、〈住宿500　休息250〉と書いてあった。しかし入口の看板には、〈住宿600　休息300〉と書かれていた。この種の安宿では、こういうことがよくあった。高い所に宿代を記した看板をとりつけたのだが、その後に物価の値上りで宿代を上げざるをえなくなる。看板の金額を書き換える費用をケチったようだった。いや、看板にそんな数字が並んでいることすら忘れているのかもしれない。台湾人は一見、金にはシビアな顔をしているのだが、ときに気が抜けるほど大雑把でいい加減なことをする。そういうことにシビアな欧米人の客でもやってきて、表に五百元と書いてあると主張でもしたらどうするのかと思う。それ以前に、うちの宿はこうして値上げしてきました——と公然と表示しているようなものなのだ。

しかし話はまだ先がある。フロントまで行くと、中年のおばちゃんがいて、

「はい、七百元ね」

と初耳の金額を聞くことになる。その有無をいわせぬタイミングに、「表には六百……」という言葉を呑みこみ、

「は、はい」

と同意してしまうのである。

宿は三階、五階、六階と書かれていた。僕は三階のフロントで、なんとなくしっくりとこない宿代を払った。そして鍵とテレビのリモコン、エアコンのリモコンという三点セットをもらって部屋に向かう。部屋は廊下に沿って片側に続いているのだが、なかなか部屋に辿り着かない。薄暗い廊下は延々と続く。そしていくつかのドアの前をすぎると、階段が出現した。

さらに四十メートルほど歩いただろうか。ようやく部屋に辿り着いた。部屋は南国大飯店によく似ていた。スプリングのない簡素なベッドの上にふとんが折りたたんで置いてある。部屋は広くない。窓には埃がこびりついた網戸がはめてある。タ

イル貼りの古びた浴室。どことなく漂ってくる下水の臭い。浴室には、プラスチックの風呂桶が置かれている。

部屋に荷物を置き、フロントに向かった。下はどうなっているのだろう……ちょっとした好奇心に駆られ、途中にある階段をおりてみた。どんどん下っていくと、一階の商店の脇を通って道路に出てしまった。

ビルを見あげ、首を捻った。一階には線麺《シエンミイエン》というそばの店、花屋、ジュース屋などが連なっている。獅城大旅館のオーナーは資産家で、道に沿って細長い土地を買いビルを建てたのだろうか。一階をさまざまな店舗に貸し、三階以上を宿にした……そう考えるのが順当だろう。では、途中になぜ階段があるのだろうか。

改めてビルを見あげた。よく眺めると、それぞれが別のビルのようにも映るのだ。仮に別々のビルだとすると、獅城大旅館のオーナーは、それぞれのビルのもち主と交渉し、三階以上だけを借り、壁をぶち抜き、渡り廊下をつくって宿を拡張していったことになる。

「そんなややこしいことをするだろうか」

いや、ここは台湾である。韓国のように大企業が牽引する社会とは違う。中小の企業が社会を支えている。戦略的に発展させていくのは苦手かもしれないが、不況時にはタンポポの根のような強さを発揮するといわれる。中小の資本が、あの手、この手で事業を拡大していくことを考えれば、ビルの三階から上だけを借り、山中にトンネルを掘るように壁を壊してホテルを大きくしていくというほうが、どこかしっくりとくるのだった。

今年（二〇一三年）になり、獅城大旅館の前を通ると三階、五階、六階という表示の後ろに、独立経営と書き加えられていた。これでまた悩んでしまった。

この宿も客が減ってきたのだろうか。オーナーは、ホテルの利権を各階ごとに売ったのかもしれなかった。ただでさえややこしいホテルが、さらにわかりづらくなっているような気もする。

次に向かいの金龍《ジンロン》大旅館に泊まった。この宿はビルの三階にあった。獅城大旅館同様に薄暗い廊下が延びていた。フロントには日本語がうまいおばさんがいた。八十歳を超える老人であれば、日本の統治時代に日本語を学校で習っただろうが、五十歳代に見えるおばさんの子供時代、すでに日本の支配は終わっていた。彼女は、その後にやってきた日本人の男性観光客との会話から日本語を身につけた気がする。そんな雰囲気があった。しかし年をとり、連れ込み安宿に職を見つけたといったところかもしれない。

獅城大旅館の向かいが金龍大旅館。仲が悪い様子はない

獅城大旅館
請上3.5.6F
三美獅
撞球B1F
俱樂部
9
福珍
大德
鈕線公司
福元胡椒餅
印材
德成橡膠行
精緻早午餐

獅城大旅館と金龍大旅館は、この一帯では規模の大きな安宿だったが、どこか落ち着かなかった。廊下に沿って部屋が続く細長い構造で、出入口はいくつもあった。連れ込みとしてはこのほうが好都合だったのだろうが。

嘉榮《ジャーロン》大旅社は路地の突きあたりの階段を二階にあがったところにある十部屋ほどの小さな連れ込み安宿だった。フロントにはおばさんがいて、その背後に彼女が眠るベッドが見えた。おばさんはここで寝泊まりしているようだった。部屋は狭かったが、不思議と落ち着く宿だった。ここには五、六回は泊まっただろうか。

連れ込み安宿三軒に泊まったが、夜、そっと現われるようなカップルには一度も会わなかった。路上で声をかける女たちが、仕事場に使っているようでもなかった。宿のなかはいつも静まり返っていた。ときどきテレビの音が聞こえてくる程度だった。台北の若い女性にしても、つきあう相手が、こんな宿に連れてきたら、関係は一気に崩れる気がする。雰囲気などなにもなく、彼女たちの目には貧相さだけが残る気がする。下水臭のするトイレに、ひどい男を選んでしまったと天を仰ぐだろう。売春婦にしても、もう少し新しいホテルを使いたいのが本音だろう。

泊まっているのは、台湾人のおじさんばかりだった。台北駅に近いから、地方からやってきた人たちなのかもしれなかった。寝るだけだから……という男たちである。

僕も同類だった。「台北駅の北側は安宿の宝庫だ」などと嬉々としているが、多くの日本人は冷ややかな視線を向けることもわかっている。ただ安いだけの宿だった。しかし地下鉄の雙連駅や林森北路に近い日本人が多い宿よりは数段に心地よかった。二流、三流の日本人向け連れ込み宿から四流の連れ込み宿に移ったということだろうが、そこには、ありふれた台湾の空気が流れていた。

それでも若干のレベルアップをはかった。嘉榮大旅社に入る路地が面した太原路《タイユエンルー》を少し北に行くと梅軒《メイシュエン》という宿があった。入口はホテル然としていて、ビジネスホテルのようだった。それでも入口には〈住宿８００　休息５００〉という看板が出ていた。フロントにいる女性の年齢も十歳ほど若くなって四十代に映った。宿代は九百元だった。七階建てで、二階より上はすべて客室という、これまでの台北駅北連れ込み安宿のなかでは画期的な一棟一軒ホテルだった。ベッドも大きく、貧乏臭いこれまでの宿とは違った。タオルもやや柔らかくなった。部屋は荷物の置き場に困るほど狭かったが、近くの会社の電波なのか、セキュリティーのかかっていないWi-Fi電波を拾い、ネットが使えることもありがたかった。百元、日本円で三百円ほど高くなったが、ここがしばらくの間、台北の常宿になった。

その頃、台湾では公共の建物はすべて禁煙というルールが実施された。この宿の客も、台湾人のおじさんが圧倒的に多く、彼らは一階のドアの外に置かれた灰皿の前で煙草を喫っていた。しかしそのたびに一階におりるのは面倒である。ホテルの向かいには、コンビニがあり、そこでビールが売られている。煙草、ビール、おばさんといえども四十代の女性がいるフロント……。この三者が、おじさん世界では瞬く間に結びつき、ホテルのフロントはカウンター式の飲み屋になっていった。夜、ホテルに戻ると、カウンター前には数人のおじさんが立ち飲みスタイルでビールを飲んでいた。鍵を受けとると同時に、ビールの入ったプラスチックのコップを渡されたことが何回かあった。なかには、かたことの日本語を操るおじさんがいて、「乾杯」という声が響くのだった。

しかしその時代は長くなかった。

不穏な動きは台北駅の南側から伝わってきた。南国大飯店がとり壊され、新驛旅店《シンイー》というこぎれいなビジネスホテル風の宿に生まれ変わった。このホテルのオーナーは、連れ込み安宿に目をつけ、そこを買収し、チェーンホテルにしていくビジネスに乗り出していた。波は台北駅を越えて北上した。そこにどんなホテルがあったのか記憶がないのだが、長安西路に面した場所に、新驛旅店Ⅱが誕生し、勢いに乗って、すぐ隣に新驛旅店Ⅲができあがった。

嘉榮大旅社の控えめな感じが気に入っている。看板もみつけにくい

梅軒は改装され蘭庭に。日本統治時代からここで宿を営んでいるという

南国大飯店はこんなこぎれいなホテルに。昔の面影はなにもない

もちろん宿代はぐ～んと上がり、千七百九十元、日本円にすると六千円ほどになった。しかし新驛旅店は、前身である連れ込み安宿の伝統を守ったのか、ご休憩のうま味を捨てきれなかったのか、四百八十元の休息料金も残していた。この新驛旅店に動揺したのが梅軒だった。改装を決めてしまうのである。やがて僕も追い出されることになる。

宿を探してさらに北上した。そこで見つけたのが、最近、よく泊まる和泰《ホータイ》大飯店だった。太原路の舗道を歩いているとき、〈住宿７００起　休息３５０〉という看板を見つけたのだ。ビルの五階にある宿だった。実際は八百元だったが、部屋は、これまで台北駅北側で泊まったどの連れ込み安宿より広かった。床もひとりが横になることができるほどのスペースがあった。

常宿だった梅軒は建て替えられ、蘭庭《ランティン》という宿になった。どう変わったのか……と一度泊まってみた。フロントには背広姿の中年男性が座っていた。どこかのきちんとしたホテルから転職してきたのだろう。連れ込み安宿のフロントはおばさん……という常識が台湾にはある。そのイメージから脱出するには男性スタッフということなのだろう。宿代を訊くと、

「千六百元」

最近の常宿はここ。ときどき部屋の掃除を忘れることが欠点

ツインとシングルがあるが、部屋代は変わらない。アバウトだ（和泰大飯店）

といわれた。ずいぶん値上りした。

部屋は、ここ二、三年の間に建てられたようなアジアの中級ホテルのそれである。大きな鉢を埋め込んだような洗面台。勢いよく出るシャワーのお湯。薄型の液晶テレビ。……その部屋でぽそっとしてしまう自分がいた。

僕という男は、とことん、新しいホテルが肌に合わないらしい。

翌日、和泰大飯店に移った。ビニールが張られた安物の椅子に腰かけ、染みが滲む天井を見あげる。このホテルは七階建ての住宅用ビルのなかにある。ほかの階には、一二軒ずつ家が入っている。

「ここは守られるはず……。なにしろ、

建て替えとなると、住んでいる人の同意が必要だからな」

いや、台北のことだから、あっという間に新しいビルが建つのかもしれない。建物の移り変わりは激しく、気がつくと、新しいビルが誕生している街なのだ。大きなプロジェクトはときに遅れるが、小規模の新陳代謝は早い。連れ込み安宿が消えていくのも、そう遠くない気もするのだ。

ハンバーガー屋のメニューに入り込んだ蛋餅

宿泊客が日本人か台湾人かという違いはあっても、連れ込み宿系の安宿を泊まり歩いてきた。この種の宿にバイキング式の朝食などあるはずがなかった。しかし日本人向けの宿には小さな食堂があり、そこにはトーストに卵、コーヒーといった朝食があった気がする。記憶が曖昧な理由ははっきりしている。そこで朝食を食べたことがほとんどないからだ。

アジアでの朝食は路上の屋台か街の食堂——という方程式が僕のなかにはある。あたり前のことのように街に出ていた。

ある読者から台南の新興路《シンシンルー》へぜひ……というコメントをいただいた。台南は何回か訪ねているが、新興路を歩いたかどうか……。ネットで検索してみると、朝食を出す屋台の写真が出てきた。そこにメニューも掲げてある。魚皮粥《ユーピージョウ》、油《ヨウ》條《ティアオ》湯《タン》、肉粽《ロウゾン》……屋台で味わったなつかしい朝食メニューだった。

台南に行ってみようか。心が動いた。

いまの台北では、こういった朝食を出す屋台がどんどん減ってきている。僕が根城にする台北駅付近、とくに台北駅の南側は予備校に通う学生が多い。若者の味覚もずいぶん変わってきているのか、昔ながらの朝食を出す店は数えるほどだ。

台北駅南のごちゃごちゃとした商店街の一画に、三友麵店《サンヨウミィエンディエン》という店がある。昼はそば屋なのだが、朝、この店は豆漿《ドウジャン》と書く豆乳を売っている。豆乳といえば、油條と書く揚げパンとなるのが中国朝食の定番である。アジアの朝の幸せといったら僕にとっては豆乳だから、どうしてもこの店に足が向いてしまう。

奥にはテーブル席もあるから、小ぶりの丼に熱い豆乳を注いでもらい、そこに油條を浸して食べる。そんな台北の朝を迎えることが多い。この店のおばさんは、簡単な日本語を理解してくれる。

「砂糖、少しね」

テーブルに座り、周囲を見まわすと、おじさんや老人ばかりだ。若者はこんな朝食が口に合わなくなっているらしい。

雲がたれ込めた蒸し暑い朝など、冷房の効いたホテルの部屋で朝食を食べることも多い。テイクアウトにするときは、豆乳と一緒に焼餅油條《シャオビンヨウティアオ》を買うことが多い。焼餅油條はすでにつくってあり、冷めないように布をかけてあるから、指さすだけで買うことができる。

焼餅油條というのは、不思議な食べ物だといつも思う。焼餅というのは、鉄板で焼いたパンである。表面にはごまがまぶしてある。そのパンで揚げパンを挟むのだ。

パンでパンを挟む――。はじめは違和感があった。そういうことをしていいのだろうか。不安にさえなった。タコ焼きをおかずにご飯を食べることができる大阪の人に抱く感覚に似ていた。しかし食べてみると、これが意外にいける。豆乳とのバランスが心地いい。ボリュームはかなりのものだが。

南国大飯店に泊まっていた頃、焼餅油條と豆乳は定番朝食だった。そのうちに、台湾のコンビニが、コーヒーのドリップマシンを導入した。ミスター・ブラウンというコーヒー専門店と提携した機械を置いたコンビニも登場した。三友麵店からコンビニに寄るというコースが僕の朝食ルートとして定着していた時期もあった。

最近、日本のコンビニにも、コーヒーのドリップマシンが置かれるようになった。それよりだいぶ前に、台湾のコンビニにはドリップマシンが置かれてい

豆乳はこの大鍋で温められている。この種の店はシニア専門店になりつつある

た。日本のファミリーマートに置かれているマシンは、台湾のファミリーマートにあるものにそっくりだ。おそらく同じメーカーのものを日本でも使うことにしたのだろう。

豆乳、揚げパン、コーヒーというセットは、僕のタイでの朝食と同じだ。豆乳は同じ味だが、揚げパンはバンコクのそれに比べると三倍ほど長い。コーヒーはバンコクより薄めという台湾流ではあるのだが。

しかし台北駅の北側に移ると、豆乳を売る店も目につかなくなった。駅の南側に比べると人通りも少なくなる。衣料品店、パイプやパネル、タイルなどを置いた問屋然とした店が多いためだろう。飲食店の数もがくんと少なくなる。

和泰大飯店に移ってからは、近くのハンバーガー屋で朝食をとるようになった。はじめは、「朝からハンバーガーっていうのもなぁ……」と敬遠していたが、店のカウンターに置いてある注文表を見ると、美式漢堡《メイシーハンバオ》、つまりアメリカ式ハンバーガーからはじまるメニューの後ろのほうに、蛋餅《ダンビン》と書かれた料理があった。

餅という漢字の想像力を広げていく。三友麺店の焼餅油條に辿り着く。あの餅だとしたら……。原味《ユエンウェイ》蛋餅と熱咖啡《ルーカーフェイ》を頼んでみた。原味とは日本語でいっ

豆乳、焼餅油條、コーヒー。タイと変わらない朝食３点セット。これで300円ほど

たらプレーンといったところだろうか。熱咖啡はホットコーヒーである。出てきたのは、鉄板で焼いたもちもちとした食感のパンだった。三友麺店のそれはパリッと焼いている。その違いだった。

ここに入り込んでいたのか……。そんな感動だった。昔ながらの台湾朝食は、ハンバーガー屋のメニューの一画を占めていたのだ。

近くで食べている人を見ると、テーブル上の容器から黒っぽい液体を皿に垂らし、それにつけて食べている。

「黒砂糖ってことないよな」

タイやインドでは、たまに激甘シ

ロップに出合い、軽いカルチャーショックを受けることになる。恐る恐るその液体に蛋餅をつけて口に運ぶ。

「……？　おや」

そこで再び台湾に出合うことになる。それはウスターソースだった。僕は七十ヵ国を超える国を旅してきた。そこでさまざまな味に出合ってきたが、ウスターソースをつけるところは日本と台湾以外に知らない。おそらく日本が統治していた時代に、台湾に定着していったのだろう。

しかしその一方で、豆乳という中国系の飲み物から、台湾人は簡単に離れていってしまった。粥離れの傾向もある。中国大陸では、まだしっかりと朝食の位置を占めているが、台湾ではパン系が存在感を増し、コーヒーが豆乳を凌駕してしまった感がなくもない。

蛋餅とコーヒー。これがいまの台湾朝食のような気もするのだが。

和泰大飯店に近いハンバーガー屋。通勤や通学客で朝は混み合う

これが蛋餅とコーヒー。合わせて
55元、約190円の定番朝食

蛋餅はウスターソースをつけるのが
台湾式。朝から日本を思い出す？

第三章
ご飯とスープを勝手によそって、台湾にきたな……と思う

日本人観光客が、いったいどういう店で昼食や夕食を食べているのか……正直なところ、あまりよく知らない。台湾に行くときは、ひとりということが多い。しかし台湾に限らないことなのだが、ひとりで気軽に入ることができる店はそう多くない。

観光客の行く店には詳しくないが、僕も鼎泰豊《ディンタイフォン》ぐらいは知っている。あれはいつ頃だっただろうか。忠孝東路《ジョンシァオドンルー》に支店がオープンした頃だった。鼎泰豊の小籠包《シャオロンバァオ》はすでに人気で、永康街《ヨンカンジィエ》にある本店はツアー客の予約で満席状態が続き、個人客が入るのは難しいと聞かされていた。

「支店なら、まだ知名度が低いから、個人でも大丈夫ですよ」

台北在住の知人に背中を押され、昼どきにひとりで行ってみた。鼎泰豊の支店は、ビルが建ち並ぶ一画にあった。ひとつのビルの一階に長い列ができていた。

「あそこが支店？」

そうだった。支店はオープンしてそれほど月日はたっていなかったが、すでに行列ができる人気だった。列の先頭に近づいてみた。そこにヘッドフォンスタイルのマイクをつけた若い女性が立っていて、客の名前と人数を訊いていた。周りを見まわしてみた。二、三十人の人が立っていた。皆、順番を呼ばれるのを待っていたのだ。数人のグループが多く、いくつもの輪ができていた。

とても列に着けそうもなかった。列に並んだら、順番がまわってくる。日本語でこう訊かれるのだ。

「人数は何人ですか？」

「あの……ひとりなんです」

台湾人だから、大陸の中国人のように目を吊りあげたりはしないだろう。仕事を淡々とこなすのだろうが、その顔つきの背後にある言葉が浮かんでくる。

〈ひとり？　この忙しいときに。常識ってものをわきまえるべきよね〉

案内される席は相席だろうか。楽しそうにレンゲに載せた小籠包を口に運びながら、

「これが噂の肉汁？」

などと会話を交すグループの脇で、ひとり蒸籠を前にすることになるのだろう。

鼎泰豊の小籠包を食べたのは、それから数年がたったときだった。家族で台北を

訪れ、この支店の席に座った。こういうときでなければ、鼎泰豊の列に並ぶことができないのだ。

受付も店員もきびきびと働いていた。ガラス越しに眺める小籠包づくりの職人たちの顔もひきしまっている。

「これも台湾の食堂なんだよな」

小籠包を口に運びながら、ひとり呟いていた。

台北ではしばしば日本人と食事をする。しかしそのほとんどが、台北暮らしが十年を超えたような人たちである。なかには二十年以上という人もいる。彼らは中国語も堪能だから、注文に困ることもない。料理の説明もしてくれる。

彼らを前にして、

「鼎泰豊に行きたい」

などといえるものではない。彼らは日本からやってきた知人のアテンドで、もう、数えきれないほど鼎泰豊に通っているのだ。僕のような旅行者にとって、鼎泰豊への道のりは相当に厳しいことを、わかってもらえるだろうか。

彼らと出向く店は、日本人観光客がテーブルを埋めるようなタイプではない。しかし日本人だから、台湾人が好む店とも傾向が違う。僕への気遣いもあるのだろうが、新しい趣向の店が多い。アイデア鍋の店、最近オープンした雲南《ユンナン》料理店、知り合いの客家《クウージャ》（はっか）料理屋……。ひょっとしたら、次にやってくる台北リピーターの知人を連れていこうと思っている店を選んでいるのかと思うことすらある。僕のように食へのこだわりがなく、おいしさのストライクゾーンが台湾海峡より広いような男は好都合なのだろう。

しかしそんな店は構えもしっかりとしている。そこで店を覚え、後日、ひとりでテーブルに座ることができるような店ではない。最近は減ってきているが、中国式のくるくるまわる丸テーブルというのも、個人客にとっては居心地が悪い。大きなテーブルにひとり座らされると、よけいに孤独感が募ってきてしまうものだ。彼らに連れていってもらった店のなかで、ひとりでも気軽に入ることができるのは、

「時間がないんで、そのへんですませましょうか」

といった会話のなかで入った店だ。

そのなかでいちばん気に入っていたのは、松江路《ソンジャンルー》から少し入った松江市場《ソンジャンシーチャン》の近く、商店街の入口にある食堂だった。店の名前はわからない。というか、はっきりとした看板が出ていたのかどうかの記憶もない。

台湾の人は看板には気が遠くなるほど無頓着だ。○○飯店という宿の横に、○○旅社などという看板を掲げて平気な顔をしている。僕は台北のガイドブックづくりにかかわっているから、これは困るのである。○○の部分が同じならまだいいが、まったく違う名前を掲げている食堂もある。確認してもらうと、

「どっちでもいい」

といった気が抜けそうな言葉が返ってくる。台北っ子も、しだいに看板をあてにしなくなってくる。それでも、さして波風が立たないところが台湾でもあるらしい。

この店は、第一章でも紹介した李清興《リーチンシン》さんに連れていってもらった。彼の会社の近くだったのだが、実は彼の家から至近距離の食堂だった。彼にしたら、自宅の台所のような存在だったのかもしれない。

店には一応、短冊型のメニューが壁に掲げてあったが、彼は、そんなものは見向きもしなかった。いつも入口脇に置いてある食材を眺めて、僕に訊いてくる。

「下川さん、今日はなににします？」

「それ、なんです？」

「ゴーヤー。最近、東京の人も食べるんだって？」

沖縄料理が東京でブームを呼び、ゴーヤーチャンプルーの知名度が一気にあがっ

ている時期だった。沖縄のゴーヤーに比べると台湾のゴーヤーは色が薄く、か弱い感じのする野菜だった。

「炒める？　それともスープ？」

李さんが訊いてくる。僕が迷っていると、

「今日はハマグリがおいしそうだから、ここに冬瓜を入れてスープにしませんか。となるとゴーヤーは炒めものかな」

そんなやりとりで注文は決まっていく。李さんと店のおばさんは、もう長いつきあいだから、簡単に伝えるだけでわかってしまう。

テーブルに移ると、李さんがジャーのふたを開けてご飯をよそう。僕は冷蔵庫を開けて、そこから冷えたお茶の入った容器をとり出して、台湾のビールのロゴが入ったコップに注ぐ。まるで家の食卓のような連携プレーで昼食がはじまるのだ。この種の店は、お茶とご飯は無料だった。サービスというわけだ。料理は一品、七、八十元だった記憶がある。ふたりでしっかり昼食をとっても、二百元もかからなかった。

味は薄味である。いつも思うのだが、彼らは薄味を好む気がする。こういう庶民の食堂に入ると、その味の違いがはっきりとわかる。

台湾は福建省から移住した人が多い島だ。そのなかには客家も含まれていた。しかし第二次世界大戦後に大陸からさまざまな地方の出身者が乗り込んできた。だから台北には、四川料理店もあれば、北京系や東北中国系の餃子店もある。そのなかで、福建系の店がいちばん薄味のように思う。

一度、台湾に取材にきていた日本人女性と話をしたことがあった。彼女は東北の出身だった。

「台北に一週間いるんです。ガイドブックの取材だから、いろんな料理を食べなくちゃいけないんだけど、普通の台湾料理を口にすると、なにかイライラするんです。こう、なにか足りないっていうか……塩分が少ないんですよ。私、東北の出身でしょ。もうちょっと塩辛くないと納得できない。原稿には、薄味で体に優しいなんて、ちゃっかり書きますけど」

少しわかる気がする。台湾の庶民料理を口にすると、もの足りなさを感じるときがある。同じ福建省周辺の出身者でも、客家料理はだいぶ違う。豚の腸や胃など内臓を使った料理が多く、その臭みを消すためにしょうがをふんだんに使う。そのためか、もの足りなさはないのだが、多数派福建人は薄味派である。それだけ豊かだったのかもしれないが。

店にはいつもテレビがついている。だいたいニュースにチャンネルが合わされていることが多い。

「いま台湾では、大陸からやってくる売春婦が急増しててね」

李さんがニュースの内容を説明してくれる。

台湾人の家庭にお邪魔し、昼食をご馳走になっている気分だった。

いまもあの店は営業していると思うが、李さんが亡くなってから、足が遠のいてしまった。言葉ができないという壁もあるが、やはりあの店は、李さんという台湾人の食堂だった。

しかしその間に、すっかり台湾庶民派食堂の心地よさが、薄味の台湾料理と一緒に刷り込まれてしまった。こういう店を覚えてしまうと、丸テーブルが並ぶレストランは宴会場に映り、四川や広東と銘打つ店は高級エスニック中華に思えてきてしまうのだった。

その種の店と台湾庶民派食堂を分ける境界……それは店構えというより、食事をとるシステムと気づいた。ポイントはご飯だった。自分でジャーからご飯をよそうスタイルだった。いってみれば食べ放題のセルフサービスだったが、僕にとっては、どこか台湾という島に足を着けたような心地よさがあった。台湾通を装うつもりはない。中国語を操ることができない僕は、日本からやってきた旅行者にすぎないといつも思う。

しかし僕にとって台湾は楽な島だった。中東やインドを歩くときとは意識がまるで違った。中国も異国だった。浦東《プードン》空港から地下鉄に乗っても、バスに揺られても、無言の人口圧が伝わってくる。タイも外国だった。タイ語をある程度、話すことができるというのに、二〜三ヵ月ぶりにバンコクのスワンナプーム空港に降りたつと、首筋をなでる風にびくっとすることがある。なにかまた、予想もつかないことが起きそうな怯えについ、体を硬くしてしまうのである。

それは好きとか嫌いといった問題ではない。

その国の人々が考えていることへの理解度といったほうがいいかもしれない。空港からのバスが淡水河《ダンシュイフォウ》を渡り、高速道路を降り、看板の多い台北の街に入っていくとき、ここは海外ではないような安堵《あんど》に包まれる。キティちゃんのイラストを掲げる銀行、四つ角の横断歩道……そういった風景が、なんの違和感もなく入り込んでくるのだ。

僕の場合、その先に、ご飯を勝手によそう食堂がある。そこは日本にいるときのように振る舞っても、不協和音が聞こえてこない世界である。

考えてもみてほしい。言葉を話すことができない外国人が店に入ってきて、勝手にジャーからご飯をよそうのだ。台湾の人たちは、それをあたり前のことのように許してくれる。

『八珍小吃《バージエンシャオチー》』という店を教えてくれたのは、台北に長く暮らす日本人の知人だった。

この店は松江路の東側にあった。六福客《リィウフークゥージャン》桟というホテルの裏手に、飲食店がぎっしりと詰まった四平街《スーピンジィエ》という一画がある。そのなかにある店だった。知人との用事が終わったのは午後一時をまわっていた。腹もすいていた。

「そのへんで、簡単に食べますか」

そんな言葉に同意して入った店だった。店は昼どきのピークをすぎたようで、客は多くなかった。何人かの客は昼からビールを飲んでいた。

テーブルにつくと、おばさんが一枚の紙きれを渡してくれる。これがメニューであり、注文表だった。中級以下の店に入ると、必ずといっていいほどこの注文表が手渡されるのが台湾スタイルだ。これがありがたかった。何ページもあるメニューを渡されると、そのなかから料理を決めるのに時間がかかる。その点、台湾のそれは、紙っぺら一枚だから一気に目を通すことができる。

しかし漢字である。店によっては独自のメニューを開発しているから、漢字の想像力を駆使して注文を決める。これが難解である。そもそも、日本人が使う漢字と中国語圏では意味が違ってくることもある。書かれたメニュー名を眺めながら、頭のなかにはさまざまな憶測が錯綜《さくそう》する。

「蕃茄ってトマトだったよな。豆干？　ピーナツだろうか。いや豆は豆腐の意味かもしれない……ということは、ゆば？」

料理が決まったら、その右端の空欄に数量を書き込むことになる。以前はここでも悩んだ。「1」か「一」かの問題だった。二皿となると、「2」、「二」、「T」と選択肢は増える。どんな数字でも伝わるので些細なことなのだが、はじめのうちは、こんなことにも心が揺れていたのだ。

注文表に書き込むと、知人はさっと席を立った。

「裏にご飯とスープがあるから」

「裏？」

柱で見えなかったのだが、そこにジャーが置かれているようだった。

「ここもそうだったのか……」

もうひとつ、みつけ……といった心境だった。

柱の裏にまわると、そこに大きなジャーがふたつ置かれていた。勝手によそうス

なにげない外観から、自分でご飯をよそう庶民派食堂を見抜けたら、もう通

庶民店のメニュー。3分の1ほど理解できる。日本人でよかったと思う瞬間

タイルだった。

スープは味噌汁だった。世界の国々のなかで、味噌汁が日常食として定着しているのは台湾ぐらいだと思う。日本の長い支配が残したものだった。韓国にも味噌があり、テンジャンチゲは韓国ナイズした味噌汁という人もいる。しかし味噌自体が韓国から日本に渡ったという説もあり、日本統治時代の名残といいきれない要素を秘めている。日本が残した味噌汁といったら、やはり台湾である。もっともこの味噌汁も、福建人の好みなのか、かなり薄味になっているが。

ご飯と味噌汁をテーブルの上に置き、おかずができあがるのを待つ。糖醋里肌《タンツーリージー》、客家小炒《クゥージャシャオチャオ》、蕃茄炒蛋《ファンチィエチャオダン》。糖醋里肌は酢豚である。蕃茄炒蛋はトマトの卵炒めだ。客家小炒は、客家の人々がよく食べる食材三、四種を炒めたものだ。どれも百元から百五十元である。

それから何回か、この店に行くようになった。台北に着き、この食堂でご飯とスープを自分でよそわないと、なんとなく台湾にやってきたような気がしないのだった。

この店は四人のおばちゃんが働いていた。奥にひとりかふたりのコックさんもいるのかもしれない。午後の二時すぎに行くと、おばちゃんと常連客が店内でマージ

『八珍小吃』の女性スタッフたち。若さで客を呼ぼうなんて考えていません

スープは日によって替わる。もやしスープなどなかなか力が入っている

ここで食べると、つい、ご飯をおかわりしてしまう。体重が気になる

ヤンをしていることもあった。昼どきは席が埋まり、それなりの活気があるのだが、ピークがすぎると、ゆるい空気が、台湾の湿気のように店内を支配しはじめる。

夜にも入ったことがある。客の多くはビールを飲んでいた。近くで働くサラリーマンのようだった。夜は居酒屋になるのだ。しかしメニューが変わるわけではない。注文シートは、昼と同じだった。

「小吃って酒のつまみの意味も……?」

知人に訊いてみた。店の名前が『八珍小吃』だったからだ。

小吃という文字は台湾ではよく見かける。シャオチーと読む。台北で会った日本人から、こんな言葉を聞いたことがある。

「小吃って、なんとなく雰囲気ですよね。漢字文化圏の人たちのセンスを感じちゃいますよ」

僕はその意味がよくわからなかった。日本語の吃は吃音《きつおん》を想像してしまう。しかし調べると、吃は中国語では食べることを意味し、喫に通じるらしい。しかし中国漢字には食の字もあり、日本漢字の食に近い。

ここからは想像力の世界なのだろうか。台北に住む日本人に小吃の意味を訊くと、

「小皿料理ってとこかな」

という答が返ってきた。吃を喫とすると、豪華な料理をがっつり食べるイメージから遠のいていく。ちょこっと食べる……あえていえば軽食といった感じだろうか。

「小皿料理っていうけど、そんなもの、台湾にあるわけ？」

「あるじゃない、いっぱい。たとえばちまきとか、団子スープ、かき氷……そばもある」

「そば？」

「夜市で食べるそばは小吃」

「じゃあ、魯肉飯《ルーロウファン》も小吃？」

「そうだな」

魯肉飯というのは、煮込んだ豚肉をご飯の上に載せたポピュラーな料理だ。そぼろ肉を使うことも多い。日本でいったら、肉そぼろ丼といったところだろうか。はっきりいって、これだけで一回の食事になる。とても軽食とはいえない量なのだ。ひとつ、ひとつ訊いていくと、小吃の守備範囲はやたら広いことがわかってくる。

「小皿料理なんて訳さないで、一人前料理とでもいったほうがいいんじゃない」

「一人前……ねえ」

僕らはビールの脇に置かれた料理に視線を落とした。三品の料理を頼んだ。昼との違いは、ご飯とスープをとりに行っていないことだけだ。料理は一人前に分けられているわけではない。箸でつつくスタイルだ。これを眺めていると、一人前料理という訳もあっさりと否定されてしまう。

「小吃っていうと、なにかこう、しっかりした料理じゃなくて、簡単に食べることができるっていうイメージなんだよな。それに小吃は安い。だから気軽に食べることができるんだけど」

「つまりそこじゃない？」

「安いってとこ」

「一皿百元以下。まあ、ものによっては二百元ってこともあるかもしれないけど。日本円で三百円から五百円ってとこ」

台湾ならありそうな話だと思った。「うちは安い大衆店だよ」。その意図を小吃という言葉に乗せている気がしなくもない。

かつて台湾の食社会では、小吃はもう少し控えめに使われていた気がする。本来の意味は軽食であり、小皿料理だったのだろう。そのうちに、近くの店が、小吃と看板を出しながら、そばをメニューに加えてしまう。それを見た別の小吃店が、丼ものをつくるようになっていく。そんな仁義なき抜け駆けを繰り返していくうちに、小吃の範囲はどんどん広がってしまったようにも思うのだ。『八珍小吃』の夜は更けていった。ビールが何本か空いた。夜の八時をすぎると、おばさんたちは店の掃除をはじめた。もう、帰りたいらしい。なんだか商売っ気のない店でもある。

「最後に食べていきます？」

「ご飯とスープ……まだ料理も残っているし」

「なにしろタダですから」

台湾庶民派食堂では、最後の締めまで、家で夕飯を食べているかのように進んでいくのだった。

ビールを勝手に冷蔵庫からとり出す店の値頃感

酒が飲みにくかった……。台湾旅行から帰ってきた日本人の中年男性の口から、そんな言葉を聞くことがある。なんとなくわかるような気がする。たとえば夜市。日本人は夜空を仰ぎながら、台湾料理をつまみにビールを想像する。人によっては夏祭りの夜を思い浮かべる。夜市という表現が日本人の誤解を誘うのかもしれない。しかし夜市に足を踏み入れ、少し焦る。酒を売っていないのだ。ぞろぞろと歩く台湾人は誰ひとりビールなど飲んでいない。ただ食べているだけなのだ。困って知人に訊くと、「近くのコンビニで売ってますよ」などといわれる。

なんとか缶ビールは手に入れたが、今度は飲む場所がみつからない。夜市のなかには、店の後ろにテーブルを置いているところもある。しかし客は、注文した料理を食べ終わると、さっと席を立ってしまう。回転が早いのだ。ゆっくりビールを飲むわけにもいかない。結局、近くの石段に座り、台湾風のさつま揚げを口に運びながらのビールになったりする。

普通の食堂では、だいたいビールは置いてある。しかしビールのない食堂もある。地方に行くほどその割合は増えていく気がする。台中の彰化《ジャンファ》の夜、餃子屋、鍋料理屋をのぞいたが、どちらもビールがなかった。

ビールより強い酒、紹興酒、ウイスキー、老酒となると、置いている店はどんどん少なくなっていく。日本人の中年男性は、毎夜、ビールしか飲めなかったという。

酒事情でいえば、台湾は東南アジアに似ているかもしれない。食事と酒が結びついていない。だいたいアジアのなかで、酒中心の小さな店がひしめいているのは、日本と韓国ぐらいなものだ。仕事帰りの居酒屋でビールや焼酎の水割り……といったおじさんは、台湾の路上で天を仰ぐことになってしまう。

暑い日の夜、台湾人と食事をとろうとレストランに入ったときも、そのあたりを痛感する。こちらは冷えたビールをまず一杯と思っているのだが、台湾人たちは、真剣な眼差しでメニューを眺める。そして、「これがおいしそう」、「スープは頼まないの」などと話しはじめる。こちらは早くビールを飲みたいから、

「そういうことは後でいいから、早くビールを注文せんかい」

と心のなかで叫ぶのだが、そんな思いを台湾人は酌みとってはくれず、メニュー選びに熱中している。そしてようやく料理が決まり、店員を呼ぶ。オーダーを伝え終わると、

「下川さん、ここの豚足、食べたことあります？」

「いや、その……ビールを」

「そうだ、ビールを頼むのを忘れてた」

厨房に注文を伝えようとしていた店員を呼びとめるのである。彼らにしてもビールが嫌いというわけではないのだが、関心がない。冷たいお茶でもいいような感じなのだ。台湾人の多くは、酒よりも食べること……そんな感覚が伝わってくる。こんな場で、紹興酒などの強い酒を頼むことなどとてもできない。

食事の後、台湾人にデザート屋に誘われることも多い。豆花《ドウホワ》の店には何回か行った。これは豆腐の上に甘く煮込んだ豆や芋などを載せ、その上からシロップをかける。店に入ると、中年の男同士でテーブルを挟んで向きあい、豆花を食べているところを見かける。若い男性同士も多い。こういう光景を目にすると、台湾にはこんなにゲイが多いのかと勘繰ってしまうのは、僕が六十歳に近い日本人だからだろうか。彼らは単純にデザートが好きなのだ。酒を飲み、い

い気分でラーメンを啜《すす》るパターンが台湾では成立しない。

しかし台湾人のなかにも、多数派ではないが酒好きはいる。そういう人はどこに集まるかといえば、もっぱら海鮮料理屋である。店頭の氷に載せた魚や水槽が目印になる。看板にも海鮮と書いてあるからすぐにわかる。

台北市内には、海鮮料理屋が集まっている一帯がある。長安東路一段《チャンアンドンルーイードワン》界隈や遼寧街夜市《リャオニンジィエイエシー》が有名だろうか。台北在住の日本人は、この海鮮料理屋に詳しい。日本からやってきた男性客の多くが、酒を飲める店を希望する。そんなときは海鮮料理屋に連れていくことになるからだ。

長安東路の店は、日本人が泊まるホテルに近いためか、日本語メニューを置く店も多い。遼寧街夜市は台湾人おじさんの割合が増える。

この種の店にやってくる台湾人は、夜市でビーフンを食べているような台湾人とは違い豪快に飲む。酔っぱらいもうじゃうじゃいる。台湾は建物内での喫煙は禁じられているが、二階にあがると、堂々と煙草を喫いながら、強い高粱《ガオリヤン》酒《ジョウ》などを呷《あお》っている。金門《ジンメン》高粱酒という金門島でつくられる高粱酒はアルコール度数が五十度を超えているが、これが大好きらしい。とんでもない男たちなのだ。台湾の男は、ビールすらたまにしか飲まないタイプが多い。しかし酒好きとなると日本人が足許にも及ばない大酒飲みという二極に分かれている。ほどほどを知らない男たちなのだ。

酒飲みの世界に足を突っ込んでいる台湾男たちは、酒ならばなんでも飲むという守備範囲の広さも兼ね備えている。彼らの間でいま、玉泉という日本酒がちょっとしたブームになっているという。彼らは日本酒にまで手を出しているのだ。

台湾は日本以外で日本酒をつくる数少ないエリアである。昔からこの島では月桂冠がつくられていた。三十年ほど前、基隆《ジーロン》の市場で飲んだことがある。日本の統治時代につくられていた日本酒がそのまま残ったのだろう。そして最近、日本の純米酒ブームに目をつけた台湾の酒造メーカーが、少し高級な日本酒である玉泉を売り出したのだという。

どんなものかと、頂好《ディンハオ》というスーパーで買ってみた。六百ミリリットルで百四十七元もした。阿部稔哉カメラマンとホテルで飲んでみたが、これがなかなかいける。台湾の日本酒の実力はなかなかのものだった。

海鮮料理屋に陣どる男たちが飲むビールの量も半端ではない。店もそれがわかっていて、ビールを頼むとケースも一緒にもってくる。空き壜は、ここに入

日本酒、月桂冠は台湾でつくられているのだと聞いたが

れる段どりをつくってくれるのだ。

酒なし食後デザートコースはもの足りなく、かといって海鮮料理屋組にもついていけない僕が辿り着いたのは、本文でお話しした台湾庶民派食堂だった。ここはご飯とスープを勝手によそうスタイルだが、冷蔵庫に入っている飲み物も勝手にとり出していい。もちろんビールも同様である。いちばん冷えた壜をとり、近くに置いてある栓抜きで開け、横に置いてある小さめのコップを手にテーブルに戻るのだ。つまり、家に帰り、冷蔵庫からビールを出して飲む動作とまったく同じ……。

置いてあるコップには、だいたい

ビール会社のロゴが入っている。ビール会社がサービスで置いていくらしい。

このスタイルなら、料理選びに熱をあげる台湾人たちと一緒でも問題ない。自分でとりに行けばいいだけなのだ。

店の人はとり出したビールの本数をカウントしているわけではない。なぜ数えなくてもいいかといえば、テーブルの上を片づけないからだ。客は空いた壜をそのままにして飲み、そして食べ続ける。空き壜をテーブルの下に並べることもあるが……。そして最後の勘定のときになって、はじめてビールやお茶のペットボトルの本数を数えるわけだ。空いた皿や壜を片づけないのは、東南アジアスタイルでもある。

もっとも高級店に入ると、しばしば店員がやってきて、皿や壜をさげていく。冷蔵庫から勝手にとり出すことができる店は、つまり、安い店という判断基準も台湾では成立する。

第四章

自転車で淡水往復
五十キロの表道と裏道

朝、目を覚まし、急いでカーテンを開けた。二日ぶりの太陽が輝いていた。

台北を訪ねたのは五月だった。梅雨を思わせるような雨が執拗《しつよう》に降り続いていた。朝から夜まで雨足が変わらなかった。台北の上空に居座った雲は、相当に厚いのかもしれない。

自転車で淡水《ダンシュイ》まで行ってみようと思っていた。しかしこの雨ではどうしようもない。これが梅雨だとしたら、その合間、少しでも晴れたら行動を起こしたほうがよさそうだった。その合間……今朝のようだった。

「行きましょうか」

阿部稔哉カメラマンに声をかけた。雨具用のヤッケ、傘をバッグに詰める。太陽は顔をのぞかせているが、雲は動いていた。いつ空が雨雲に覆われるのかわからなかった。

泊まっている和泰大飯店《ホータイダーファンディエン》から淡水河岸にある自転車センターまでは、それほどの距離ではない。

自転車はここで借りた。台北市の運営。だから正午から午後２時まで休みです

川の手前は、数メートルの高さの堤防になっていた。この堤防の先が大稲《ダーダオ》埕碼頭《チェンマートウ》という埠頭で、そこに台北市が運営する貸し自転車センターがあるはずだった。街なかにはジャイアントという民間の貸し自転車業者もあった。ちょうど堤防の手前にその店をみつけたが、まだシャッターが閉まっていた。

埠頭の脇に数棟のプレハブ小屋が建っていた。その前に五台ほどの白い自転車が置かれていた。周囲のプレハブ小屋にもぎっしりと自転車が並べられていた。かなりの数である。いつもはもっと多くの自転車を小屋の前に並べるのかもしれない。ここ二日、雨が続いた。今朝も朝方は明るかったが、もう太陽は雲に隠れてしまった。今日も自転車を借りる人は少ないと思っているのかもしれない。

右手のプレハブ小屋のなかから職員らしき男性が出てきた。僕らが外国人だとわかると、英語を使ってくれた。そして壁に掲げてあるルールを指さした。日本語もあった。

〈外籍人士　租借辦法（英・日文）〉

と書かれていた。そこには六項ほどが記されていたが、ポイントはふたつだった。

――本人のパスポート又は居留証を預ければ、身分証明書ひとつにつき五台までレンタル可。

――パスポートを預けてレンタルした自転車は、借りた駅と同じ駅で返却し、他の駅での返却は不可。

「あの……淡水までは何キロぐらいあるんですか？」

「だいたい二十五キロ」

往復で五十キロもペダルを漕がなくてはならない。東京にいるときは、毎日のように自転車に乗っている。しかしその距離は、最寄駅まで二キロそこそこにすぎない。五十キロとなると、ちょっとそこまでといった距離ではなくなる。まもなく五十九歳になるという体の筋肉は、若い頃とは違う。阿部カメラマンの顔を見た。彼は僕より十歳ほど若いが、運動不足だと、ことあるごとにいっている。お互い、途中で膝でも痛くなり、川沿いの道をとぼとぼと自転車を押して帰るのは少しみじめだ。

僕らの事情を察したのか、職員は奥から大判の地図をもってきてくれた。『雙北河濱自行車導覽圖』と書いてある。

「この駅に返却と書いてありますが、途中の關渡《グァンドゥ》と淡水で返却することもできます。ただ今日は平日なんで、淡水の駅は開いていませんが」

「でも、ここにパスポートを預けるんですから、それはとりに来ないといけないんですよね」

「そうですね」

淡水から台北までは、MRTと呼ばれる地下鉄で結ばれていた。四十分ほどである。その途中に關渡駅がある。そこで自転車を返した場合、MRTで台北に戻り、パスポートをとりに行くことになる。なんだか面倒だが、気分は少し楽になる。

改めて地図を広げた。淡水河とそこに流れ込む基隆河《ジーロンフォウ》の両岸を中心に自転車専用道が延々と続いていた。台北市内にも自転車道が延びている。ところどころに租という文字が記されているが、これが貸し自転車の駅だろう。台北市や新北市は、この自転車専用道をつくるためにかなりの資金を投入していた。その総延長距離は、目算で測っただけで、二百キロは超えていそうだった。

いや、それは台北市やその周辺だけの話ではなかった。嘉義《ジャーイー》や彰化《ジャンファ》、花蓮《ホワリィエン》といった地方都市を訪ね、少し郊外に出ると、自行車道、つまり自転車専用道に出くわすのだ。台湾を自転車アイランドにしようとしているかのようだ。話には聞いていたが、ここまで、専用道をつくっているとは……。

台湾と自転車──。はじめから、このふたつの言葉がつながっていたわけではなかった。あれはいつ頃だっただろうか。四、五年前、台北でひとりの台湾人に会った。彼は宿泊先を訊いてきた。

「台北駅の北側の安いホテルですよ」

とお茶を濁した。

「この時期、よくホテルがとれましたね。どこも満室ですから」

「満室？」

「ええ。自転車の博覧会が、毎年、この時期にあるんですよ」

「自転車？」

「ええ、台湾はたくさんの自転車をつくっていますから」

彼がいうには、一時期、台湾を支配したオランダとの関係なのだという。

僕はしばしばバンコクから台北に向かう。運賃が安いため、チャイナエアラインを使うことが多いのだが、朝の便はたまに遅れることがある。スタッフはオランダのアムステルダムを出発するのが遅れたと説明することが多かった。台北とアムステルダム……。長い期間ではなかったが、台湾の宗主国がオランダという時代があった。その歴史がつくったルートなのかと思ったが、自転車でもつながっているとは思わなかった。

オランダ人は自転車を偏愛している。アムステルダムで、オランダ人と結婚した日本人女性と会ったことがある。市内のカフェで待ち合わせたのだが、そこに彼女は日本のママチャリに乗って現われた。

「私、背が低くて足が短いから、こっちの自転車は怖くて乗れないんです。だから日本から送ってもらって……」

そこまでして自転車に乗らなければいけないのかと思った。

「街が自転車で移動することを前提にしているようなところがあるのよ。たしかに自転車に乗ると便利」

電車にも自転車を乗せることができる。

タイのバンコクでタイ語を学んでいたとき、学校にひとりのオランダ人がいた。彼は学校まで自転車で通っていた。バンコクの街を知っている人はわかると思うが、自転車には不向きな街である。歩道は段差があって走りづらい。車道に出ると、バイクが幅を利かせている。バイクの後ろで信号待ちをすることになるが、青信号になったとたん、排気ガスを全身で浴びることになる。学校の先生からも、自転車通学をやめるようにいわれたそうだ。しかし彼は自転車へのこだわりがある。頑張って通ってきていたのだが、ついに体調を崩し、帰国したと後で聞いた。

オランダの自転車文化を支えていたのが台湾だった。アジアではかなり知られていることらしい。折りたたみ式の自転車を台湾まで買いに行ったタイ人もいた。自転車への素地があったのだろう。台湾では、自転車専用道の整備が進んでいった。気がつくと高そうなサイクリング車にヘルメット姿で走る台北っ子をときどき見かけるようになった。市街地に自転車専用道が完備されているわけではない。郊外の専用道に向かう人たちだった。スポーツに形から入っていくのは、アジア人に共通したことに思う。

台北の市街地では、三十分間、無料で乗ることができる貸し自転車も登場した。スタートは二〇〇八年というが、貸し自転車スタンドが少なかったのか、あまり目にすることはなかった。ところが最近、そのスタンドが急増したのか、歩道を走るオレンジ色の貸し自転車をしばしば見かけるようになった。これは、自転車スタンドで借り、目的地に近いスタンドで返却できるシステムだという。地下鉄駅から会社まで、この貸し自転車に乗る人も増えているらしい。パリやロンドンにも同じシステムがある。アジアでは台湾というわけだ。

台北で自転車——。一度、自転車に乗ってみたかった。乗るなら、車がひしめく市街地より、川沿いの専用道のほうが気持ちよさそうだった。

朝、太陽が出るのを待ち構えていたかのように大稲埕碼頭に向かった理由だった。淡水往復で五十キロ。パスポートを預ける以上、頑張るしかなかった。

自転車選びで少し迷った。すでに並べられているのは五段変速だが、『變速淑女車』と名づけられていた。ママチャリである。『青少年變速車』もあったが、マウンテンバイク風で泥よけがついていない。

「雨になったら、泥よけがついていたほうがいいかも」

自転車専用道でママチャリ……とも思ったが、阿部カメラマンの意見を尊重した。

レンタル料は一時間四十元、百四十円ほど。それ以降は二時間で六十元、三時間で八十元と上がっていく。

サドルの位置を調整し、自転車専用道を進みはじめた。前に買い物かごがついたママチャリだから、日本の自転車と大差はない。違いといえば、右レバーが後ろブレーキで、左レバーが前ブレーキということぐらいだ。

自転車専用道は淡水河の堤防の内側、つまり河川敷に延びていた。自転車専用だが、右車線と左車線に分かれた立派な道だ。車が走らないから爽快である。河川敷の道だから高低差もほとんどない。台北大橋《タイペイダーチャオ》の下をくぐり、桃園空港に通じる高速道路を上に眺め、快調に進んでいく。河川敷は延平河濱《イエンピンフォウビン》公園と名づけられていて、児童公園や売店もある。重陽《チョンヤン》橋が見えてきた。橋の上は渋滞でバイクがびっしりと連なっているのが見える。

「これから仕事ですか。曇天のなか、ご苦労さん。いや、僕らはちょっとサイクリング。ごめんなさいね〜」

ペダルを漕ぐ足も軽い。

三十分ほど走っただろうか。自転車専用道の分岐地点に出た。少し汗もかいた。ちょうど休憩所があったので、貸し自転車センターでもらった水を飲む。地図を広

淡水河の自転車専用道から基隆河沿いの専用道に移る。少しだけ歩道を走る

淡水河に架かる大きな橋の下は、野良犬が多かった。雨が続いているかららしい

げた。左に行くと社子島《シェーズー》をまわるルートになっていた。淡水にまっすぐ進む道は右手である。社子島は淡水河に基隆河が合流する地点にできた砂州だった。

先を急ぐ。右手に向かうと台北から北投に向かう車道に出た。しばらく歩道共用の自転車道を進む。信号もあった。そこから基隆河を越えると再び、川に沿った専用道になった。

台北市街のビル群が遠くなった。川に沿った堤防も消え、周囲は濃い緑に包まれはじめた。やっと郊外に出た。どこか空気の匂いが違う。ペダルを漕ぎながら、深呼吸をしたいような気分だ。

左手の河原にこんもりとした樹木が見えてきた。近づくとマングローブだった。水際をぎっしりと埋めるマングローブが延々と続く。白いサギがその上を飛んでいく。台北市街から小一時間ほど走っただけで、マングローブが密生する川原に出るとは思わなかった。淡水河は淡水で海に流れ込んでいるが、潮の満ち引きで、このあたりまで海水が遡ってくるのだろうか。マングローブは沖縄や東南アジアで何回も目にしているが、都市部からかなり離れた海岸線に繁茂していた。しかし台北という街は、そのすぐ近くまでマングローブが迫っていた。

マングローブの林のなかに木道が延びていた。そこが自転車専用道である。淡水

關渡を快調に走る。このあたりの自転車専用道は金色水岸と名づけられていた

までコンクリートで固められた道を延々と走るものかと思っていた。しかし周囲の景色はダイナミックに変わっていく。ストイックにサイクリング車を走らせる道ではなかった。

中港河《ジョンガンフォウ》という小さな川を越えたところが關渡だった。崖にへばりつくようにつくられた關渡宮という廟が目に入ってくる。周りには土産物屋や食堂が連なるちょっとした観光地である。廟の前に広い駐車場があり、その一画に貸し自転車駅があった。

「戻すとしたらここか……」

地図を眺めると、淡水までの道のりの三分の二ほどの地点まできている。十五キロほど走ったことになる。まだ負担も少ない。

淡水まであと十キロほどだ。しかしここからが少々きつかった。山が淡水河に迫り、狭い平地に車道、MRTの線路、そして自転車専用道が平行して走っていた。そこを小さな川が何本も横切っている。車道やMRTは短い橋をつくって高低差をなくしていたが、さすがに自転車専用道はそこまでの予算がなかったらしい。川を越えるたびにアップダウンを繰り返すことになる。淡水河に沿ってマングローブの林が延々と続いている。紅樹林《ホンシュウリン》というMRTの駅が見えてきた。淡水まではもうひと駅である。周囲は紅樹林生態保護区になっていた。マングローブは紅樹林と書くことをはじめて知った。

淡水に着いたのは、台北市街を出発して二時間半後だった。二十五キロを走った。膝にやや痛みはあるものの、たいしたことはない。

淡水は台北市民にとっては気軽な観光地である。MRTという地下鉄で四十分ほどの近さで、夕暮れどきになるとカップルが急増する。対岸の観音山に沈む夕日を眺めにやってくるのだ。東京でいったらお台場あたりの感覚だろうか。

夕日を目にしてロマンチックな気分になるような歳でもない。横を走っているのは阿部カメラマンである。それ以前に、いまは昼どきなのだ。

さて、どうしようか。關渡で自転車を戻すにしても、十キロは走ることになる。淡水河を船で渡ることにした。淡水河の東岸を走ってきたが、自転車専用道は西岸にもつくられていた。關渡で自転車を手離すなら、西岸の専用道を台北市街に向かって走り、關渡大橋で淡水河を再び渡り、關渡に出るルートをとることもできた。淡水の対岸は八里という地区だった。そこを結ぶ船は頻繁に出ていた。淡水にやってきた観光客は八里を訪れ、そこで天ぷらを食べて帰ってくるのが定番コースなのだという。

乗船料の二十三元ですむのかと思っていたが、自転車代の二十五元もしっかりとられて淡水河を渡った。

八里周辺は公園になっていて、ここにも貸し自転車業者が店を出していた。子供用やふたり乗りといった観光客用の自転車が多い。

「僕らはちょっと違うもんね。なにしろ台北市街からきたんだから」

自転車に記された『大稲埕碼頭』というプレートを、これみよがしに見せつけながら淡水河の西岸を進みはじめた。

こういう奢りはすぐにしっぺ返しを受けるというのは世の常なのかもしれない。

はじめのうちは、ちゃらちゃらとふたり乗り自転車に乗るカップルを尻目にペダルを漕いでいたのだが、そのうちに自転車専用道を走る人が急に減ってきたのだ。

淡水河の東岸を走っていたときは、かなりの数のサイクリストとすれ違った。本格サイクリング車にまたがり前傾姿勢を保って走り抜ける人が多かったが、自分の自転車に乗り、のんびり散策するように走っている人もいた。車が入らないから、ジョギングに汗を流す人たちともすれ違った。關渡周辺の自転車専用道には金色《ジンスエ》水岸《シュイアン》という名前までつけられていた。ＭＲＴも東岸を走っていた。東側の自転車専用道は表街道だったのだ。

それに比べると西岸の自転車道は裏の道だった。こういう道をあえて選ぶ人は、混みあう表街道を避ける本格派だった。流線型のヘルメットをかぶり、サングラスをかけ、ペースを測りながらペダルを漕ぐ人たちの世界だった。腕や足は日焼けし、その黒さが、走り込んでいる日数をうかがわせた。

西岸の自転車道を進むにつれてそんな世界に入っていってしまったのだ。後戻りはできない雰囲気が漂ってくる。下腹に力を込め、ギアは五速にして漕ぎ続けるしかない。關渡大橋の下にさしかかった。ここで決めなければならなかった。

地図を眺めると、次の橋は台北市街の重陽橋である。しかしこの橋は自転車では

もう海が近い。淡水河の川幅は広く、対岸に渡るのに船で10分ほどかかる

西岸の裏道を走る人は本格派だ。ママチャリがちょっと恥ずかしかった

渡ることができなかった。おそらく車道しかない橋なのだろう。ということは、自転車を借りた大稲埕碼頭にほど近い台北大橋まで東岸に渡ることができないのだ。關渡大橋をすぎたら、ただひたすら漕ぎ続けるしかない。

淡水の街で昼食がてら休んだためか、膝の痛みはあまりなかった。筋肉の張りもない。頑張れば台北大橋まで辿り着くことができるような気がした。心配は空模様だった。淡水を出発したとき、ぽつん、ぽつんと雨粒が落ちてきたが、そのままやんでしまった。雲は重そうだが、ぎりぎりのところでこらえている感じだった。

西岸の自転車道には、返却できる駅はもちろん、屋根付きの休憩所もなさそうだった。前日のような激しい雨になれば、バッグのなかにある折りたたみ傘ではつらいかもしれない。走る自転車も少ない道を、傘をさしながら片手で運転していくわけで、それを思うと気が滅入ってくる。そんな雨に降られてしまったら、ガジュマルの木の下で雨宿りしかないのだろうか。

「どうしようか」

「……」

阿部カメラマンも迷っているようだった。

ひとりだったら、日和っていたかもしれない。ふたりで行動をすると、互いに引けないような空気も生まれる。

「頑張るか……」

しかし遠かった。淡水河に基隆河が合流し、対岸に關渡宮が見渡せる地点の眺めはよかった。しかし風景に変化があったのはそこまでで、運河につくられた水門の上を渡り、土手を登ると、淡水河の西岸堤防の上に出た。東岸は堤防と川の間の河川敷に自転車専用道がつくられていたが、西岸は堤防の上を自転車道が走っていた。その道が延々と十キロ以上続くのだ。左手には陽明山《ヤンミンシャン》が見渡せ、のびやかな風景が広がるのだが、山の位置が動かない。自転車の速度では、風景が動かないのだ。ただ茫漠《ぼうばく》とした眺めが広がるだけなのだ。これはつらい。というより飽きる。タイムを気にしながら黙々とペダルを漕ぐタイプなら満足するのだろうが、台北に来たついでに淡水まで走ってみるか……といったなんちゃってサイクリストは、ただなにも考えずに目的地をめざす時間に耐えなければならない。

五キロほど堤防の上を走っただろうか。突然、通行止めの表示が出現し、河川敷に下りるように矢印が示していた。自転車道の修復でもしているのかもしれなかった。

河川敷は農地になっていた。東岸はきちんと公園として整備され、自然保護区もつくられ、家族でサイクリングをする人たちへの気遣いも伝わってくるのだが、西岸は農地なのである。ところどころに作業小屋も見える。道は農作業用の車道だったのだ。

二キロほど進んだ。

そこでブレーキをかけた。前方の道が水没していたのだった。走ってはいけない、という意味なのか、テープも張られている。

「ウソだろ……」

その場にへたり込みそうだった。実は運河から堤防にあがったところで、自転車道はふたつに分かれていた。淡水河沿いの道と、やや内陸を走る道だった。内陸側の道は台北大橋より先で淡水河にぶつかっていた。大稲埕碼頭に辿り着くには、川沿いの道を二、三キロ戻らなければならなかった。そんな遠まわりはしたくない。当然のように淡水河沿いの道を選んだのだが、その分岐に表示が出ていたのかもしれなかった。

「戻れってこと？」

關渡大橋まで十キロ以上あるだろう。内陸側の道にするにしても、分岐まで戻らなくてはならず、十キロ以上余分に走ることになる。

自転車専用道が水没してしまっていた。行くか、行かないか……。いま悩んでます

緊張のサイクリング。止まってしまったら水浸し。台北ではこの技術も必要です

　自転車を降り、どのくらいの水の深さなのかを見ようとした。しかし水面が光を反射してよくわからない。土手の斜面を自転車を押しながら進むことを考えたが、水没区間の終わりは目視できず、どのくらい歩けばいいのかもわからなかった。数メートルの高さがある土手の上に自転車を押しあげる方法もあったが、果たしてその上の道がどうなっているのかも予測できなかった。

「この二日間の雨で水没したんですよね」

「たぶん」

「だったら、そんなに深くないんじゃないですか。ここは河川敷だから、高低差も少ない気がするんだけど」

「途中に小さな川でもあって、そこから水が溢れたとしたらやばいんじゃない」

「戻りますか？」

「行くしかないか」

　もうやけっぱちである。水が深くなり、漕ぎ進めなくなったら、水のなかを歩くしかない。いくらなんでも腰まで水没するほど深くないだろう。

　水のなかを漕ぎはじめた。しだいに深くなる。ペダルを回転させると、下になったときに足が水中に入ってしまう。上半分だけ回転させて進んでいく。すでにタイヤは三分の一ほど水のなかだ。ちらっと前方を見た。コンクリートの道が見えた。大丈夫そうだった。いま進んでいるところが最深部のような気がする。しかし気を抜けない。スピードが落ち、よろけてしまうと靴もズボンもびしょ濡れになる。かといって、上半分だけで漕いでいるから、速度を加速させるのも難しい。

ふーッ。やっと水没区間を乗り越えた。

ところがそこから五百メートルほど進むと、また水没区間が出現した。ここもどのくらい深いのかわからなかったが、もう進むしかない。戻るにしても、水没区間を通らなければならないのだ。結局、浸水区間は三ヵ所あった。

重陽橋を望む地点にベンチがあった、僕らはそこで、少し休むことにした。

「あの道の冠水、ここ二日の雨のせいじゃないと思うんです」

阿部カメラマンが口を開いた。

「作業小屋があったでしょ。人が住んでいるみたいな。あの小屋も水のなかだったし、まわりの畑も全部水のなか。いくら雨が降り続いても、あそこまで水没するかな。淡水河の水嵩《みずかさ》が増して、河川敷の畑が水没してるんだと思うんです」

「ひょっとしたらいつもこの時期に」

「大潮のときとか……」

「つまりあの人たちって不法占拠」

「あれだけ水が溢れる土地だから、台北市も大目に見てるんじゃないかな」

そういわれればそんな気もした。ということは、あの道は、彼らが勝手につくった道なんだろうか。

重陽橋から先は、河川敷につくられた自転車専用道になった。あと三キロほどだろうか……と少し痛くなってきた膝をいたわりながら進むと、前方にこんもりと木が生い茂る森が見えてきた。周囲は河川敷のグラウンドが広がっているのだが、そこだけ薄暗い。近づくと廟だった。すると自転車専用道は、コの字型に森を迂回するようにつくられていた。台北市の説得に応じないのだろう。自転車専用道をつくる台北市も、厄介な問題にぶつかっているようだった。

大稲埕碼頭に戻ったのは午後二時だった。午前八時すぎに走りはじめてから六時間。自転車を降り、淡水河に向かって伸びをする。

貸し自転車代は三百元、千二十円ほどだった。

北海岸をバスで走り、テレサ・テンの墓へ

台湾でもさまざまなバスに乗ってきた。台湾は鉄道が便利と思われているかもしれないが、長距離バスもかなり充実している。

そのなかでいちばん好きなルート……と訊かれたら、淡水と金山《ジンシャン》を結ぶ台湾の北海岸線《ベイハイアンシィエン》と答える気がする。台北から台中や台南へ向かうような特急バスの路線ではない。高速道路もないローカルな路線だが、味わい深い道筋である。バスはＭＲＴの淡水駅近くから出発する。一時間に一、二本という割合だろうか。

淡水を発車したバスは、すぐに淡水河を離れ、坂道を登っていく。ひとつの山を越えるような感じで北海岸に沿った道に出る。

バスはだいたいすいている。席も自由だから、左側の座席を選ぶ。車窓全体に台湾の北に広がる東シナ海を望むことができるのだ。

実は右側に座ると見えるものがある。右側は陽明山に続く山肌になるのだが、そこに原子力発電所がある。斜面に沿って、いくつもの建物が連なっている。

台北から眺めると陽明山の裏側ということになるのだが、台北からの直線距離は百キロを切っている。こんなに近いところに原発があっていいのかと不安にさえなる立地である。台湾は地震も多い。東日本大震災の後もこのバスに乗ったが、やはり考え込んでしまった。

山側の光景に比べれば、海側はリゾートの匂いがする風景が続く。山が海に落ち込んでいるような地形で、広い砂浜があるわけではないが、道に沿って、眺めのよさそうなカフェが点在する。かつては台湾式の食堂だった気がするが、ずいぶん様変わりしてしまった。アルファベットの店名が続く一帯でもある。台湾でリゾートといっても、タイやバリ島と比べると見劣りはする。しかし台北という漢字看板の海からやってくると、ちょっとひと息つけるような気分になるから不思議なものだ。

冬の北海岸の風景も捨てがたい。台湾というと暖かいイメージを抱く人が多いが、一月、二月あたりは雨が多く、気温もけっこう下がる。その時期に日本から台湾に行けば温暖に感じるものだが、しばらく滞在すると、薄ら寒さのようなものに気が滅入ってくる。

冬の北海岸の気候はさらに厳しい。シベリア寒気団からの冷たい風に煽られ

台湾のバスは４列と３列が混在。でも運賃は変わらない。太っ腹です

るように高い波が岩に砕ける。冬の日本海に似ている。カフェも閉鎖され、人のいない冬ざれた光景が続く。

海岸線に沿ってバスが走るのは二十分ほどだろうか。やがて道は海から離れていく。金山の街が見えてくる。淡水から金山までは小一時間ほどだ。

なぜこのバスに何回も乗っているかといえば、金山市街からタクシーで十分ほど登ったところにある墓地に、鄧麗筠《デンリージュン》、日本名でテレサ・テンの墓があるからだ。なんとか一年に一回は、この墓で手を合わせようと思っている。時間がないときは、台北からダイレクトにバスで金山に向かうが、少し余裕があると、淡水経由のルートを選ぶ。

斜面にあるテレサ・テンの墓からは、天気がよければ太平洋を望むことができる。その先に沖縄があり、日本がある。

テレサ・テンの話は、自著のなかで何回も触れている。先日、日本暮らしが長い台湾人女性に会った。彼女は熱狂的なテレサ・テンのファンだった。

テレサ・テンの話になると、どうしても外省人とか本省人、内省人といった言葉が飛び交うことになる。台湾という島は、第二次世界大戦後、中国大陸から渡ってきた外省人と、もともとこの島に暮らしていた本省人との葛藤が渦巻いている。テレサ・テンの両親は、大陸から渡ってきた外省人だった。

テレサ・テンは台湾で歌手としてデビューしたが、やがて活動の場を香港や日本に移していく。ファンの女性がいう。

「テレサ・テンのお父さんは、彼女の日本デビューにすごく反対したみたい」

外省人から見れば日本は敵国だったのだ。

テレサ・テンの墓の周りは、ちょっとした公園になっている。そこから太平洋を眺めることが好きだ。

そこから見える太平洋はいつも穏やかだ。

第五章

夜市の蟻地獄テーブルに座って、赤肉咖哩飯を逃す

新宿西口に思い出横丁という飲み屋街がある。俗にしょんべん横丁といわれる通りだ。中年おじさんや金のない若者が集まるイメージなのだが、そこに台湾人が大挙してやってくるようになった。二〇〇五年の愛知万博を機に、日本に観光旅行でやってくる台湾人のビザが免除されるようになった。堰《せき》を切ったように東京に現われた台湾人は、どこで知ったのか、夜になるとこの思い出横丁に姿をみせた。

横丁の店主たちは色めきたった。さして多くないこづかいでやりくりする中年サラリーマンや煮込みしかつまみを注文しない貧しい学生相手に、店のゆく先を案じていた矢先に通りから中国語が聞こえてきたのだ。これからは台湾人でひと儲けだとばかりに、中国語会話集を買い込む。なかには台湾人留学生をアルバイトで雇い入れ、台湾人獲得作戦に乗り出した店もあった。

それから半年、いや一年……。焼き鳥屋の店主の顔は晴れなかった。

「台湾人の団体がカウンターを埋めて、これはいけると構えていると、彼らの注文は焼き鳥一本なんだよ。ビールも飲まない。『おいしい』って日本語でいってくれるのはうれしいけど、ひとり一本なんだよ。訊くと夕飯はホテルで食ってきたっていうんだよ」

別の店主はこういった。

「台湾には夜市ってものがあるらしい。夜、散歩気分で出かけて、ちょっと買い食いをするらしい。日本の夜店みたいなもんかね。その雰囲気があるから、ここにやってくるらしいんだよ」

台湾の夜市──。観光客なら一度は訪ねる。とくに士林《シーリン》の夜市は有名で、パッケージツアーにも組み込まれていると聞く。

僕も一度、士林の夜市に出かけたことがある。十年以上も前である。当時、日本人の間でも夜市は有名で、士林の夜市に行かなければ、台北に行ったことにならないような雰囲気すらあった。

しかしそれ以来、士林の夜市には一回も足を向けていない。士林の夜市は昨年（二〇一二年）、リニューアルされたと聞いているが、行くつもりもない。僕は『歩く台北』というガイドブックの編集にもかかわっていて、そこでもしっかり一ページを割いて士林の夜市を解説している。そんな人間が、士林の夜市の現状を知らないでいいのか……と質《ただ》されると、返す言葉もないが、やはり行かない気がする。

理由？ 混んでいるのだ。すごく疲れるのである。狭い路地に人がひしめき、思うように歩くこともできない。屋台の前で人が立ち停まるから、なかなか先に進めない。椅子も少なく、座って食べることも難しい。この人混みのなかで食べるぐらいなら、コンビニでビールとつまみを買い、ホテルの部屋で食べたほうが楽な気になってくる。そう、夜市ではビールを売っていないことも、足を遠のかせる理由だった。寄る年波ということなのかもしれないが、士林の夜市は、僕にとってはそういうエリアになっていた。

しかし夜市に行かないわけではない。台北市内には、まだいくつもの夜市がある。西昌街夜市《シーチャンジイエイシー》、華西街夜市《ファシージィエイエシー》、臨江街夜市《リンジィアンジィエイエシー》、寧夏路夜市《ニンシャールーイエシー》、遼寧街夜市《リャオニンジィエイエシー》などだが、そのなかで寧夏路夜市にはしばしば出かける。規模が小さく、人もあまり多くないからだ。スペースもなんとなくゆったりとしている。

泊まっているホテルが寧夏路夜市に近いこともその理由のひとつである。台北でのホテル遍歴は第二章でお話ししたが、台北駅の北側の連れ込み安宿も、しだいに駅からの距離が遠くなりつつある。いま泊まることが多い和泰大飯店は、寧夏路夜市まで歩いて二分ほどの近さなのだ。もう、庭といってもいい距離に夜市があるわけだ。サンダル履きで行くことができる夜市……。そんな存在がいまの僕にとっての寧夏路夜市である。

台北にはひとりで滞在することが多い。寧夏路夜市を眺めていると、家族連れやカップルが多いが、そんななか、ひとりでテーブルに座り、麺を啜っている中年おじさんがいないわけではない。夜市というのは、そういうことを気にしない空気が流れている。ここはひょっとしたら、〝孤独のグルメ〟ならぬ、ひとり飯に最適の場所ではないか……そう思えてきた。問題はビールだった。コンビニで買い、夜市にもち込んでもいいことは知っている。のんびりと飲めないことはわかっているが、寧夏路夜市はほかの夜市と比べて人が多くない。ひょっとしたら、のんびりビールを許してくれるスペースもあるかもしれない。

日本からの飛行機が台北に着く時間帯は、昼頃から夕方にかけてが多い。夜になる便もあるが、ありがたいことに、夜市は午前一時くらいまでは賑わっている。台北のはじめての夕食を食べに夜市に繰り出せるのだ。

偵察隊気分で寧夏路夜市に入る。ビールをゆっくり飲むことができるスペースをみつけ出せば、これからずいぶん楽になる。

南側から分け入った。入口には射的や金魚すくいが店を出している。日本では祭りの定番夜店だが、台北では毎日お目見えするから、なんとなくありがたみが薄い。

台湾人の食べることへの熱意は、日本人は真似できない。
夜市を見るといつもそう思う

仔煎大王
無刺
虱目魚
涼麵
寧夏美食
果
魅力無限
阿興現撈海產
龜山島

食べ物屋台で最初に目に入ったのは『美國大熱狗《メイグゥオダールウゴウ》』だった。美國はアメリカである。狗はイヌ……そうか、アメリカンドッグか。そのままではないか。熱くて大きいアメリカンドッグという意味だろう。

その向かいにあったのは『微笑碳烤《ウェイシャオタンカオ》』。店頭には、肉やピーマン、フィッシュボールなどが並んでいる。微笑は屋号だろうか。碳烤は炭で焼くということ？　漢字ひとつ、ひとつに足が止まってしまう。これまでは通りすぎていた店も、偵察隊気分で入り込むと、漢字ひとつ、ひとつに引っかかり、なかなか前に進めない。そのうちに漢字の想像力遊びに熱が入ってきてしまった。日本語のわかる台湾人や中国語を勉強した日本人が読んだら、なんたる誤解という誹《そし》りを受けそうだが、寧夏路夜市をゆっくり進む僕の頭のなかは、日本式の漢字ゲームが渦巻いていたのだ。

〈大腸包小腸《ダーチャンバオシャオチャン》〉

大腸、小腸とダイレクトにこられると、健康診断を思い出してしまったが、そこで売られていたのは、もち米の腸詰に豚肉の腸詰、つまりソーセージを包んだもの。もち米の腸詰が太く、大腸に見たてている。ソーセージは小腸というわけだ。しかし、もうちょっと和らかい表現はできないものか。

〈塩酥鶏《イエンスージー》〉

酥は知っていた。揚げることを意味する。鶏は鶏の旧字だろう。鶏とは書いてあるが、並んでいるのは、鶏肉だけではなく、ウインナー、豆腐、野菜……と種々雑多である。なんでもかんでも揚げてしまうという中国的な大胆さが漂ってくる。一応、塩味は利いているということだろうか。客は揚げてほしいものを、アルミ製のボウルに入れ、店員に渡すだけでいい。油のなかにドサッと放り込んでしまう。

〈紅豆餅《ホンドウビン》〉

見た目は今川焼きそのものだった。具は小豆のほかにカスタードクリームもある。長い列ができていた。どうもおいしいらしい。デザートはこれかな……と頭のなかでチェックを入れる。買っているところを見ると、ほとんどの人がカスタードクリームを選んでいた。

〈脆皮鶏腿捲《ツエイピージートゥエイジュエン》〉

台湾の鶏は脱皮するのかと……一瞬、首を傾げてしまった。そんなことはないよな、と看板を見ると英語もある。Friable Chicken Roll。ケンタッキーフライドチキンのツイスターみたいなものだろうかと想像してみる。

〈綜合生鮮《ソンフォウシエンシイエン》〉

綜合には昔、ずいぶん悩んだ。メニューにしばしば登場するのだ。コーヒー店にも綜合熱咖啡などがある。なんとなく、わかったようなわからないような中途半端な表現にためらっていたが、台北在住の日本人から、「ミックス」ですよと教えられ、すべてが氷解した記憶がある。考えてみれば、すべてを合わせるわけだから、正しい表現だと思う。……で、綜合生鮮はミックス刺身というわけだ。刺身の盛り合わせである。こういうものも、屋台で出してしまう。日本だったら、食品衛生法に引っかかってしまうんだろうな、と氷の上に並ぶ刺身を眺めた。

〈家郷滷味《ジャーシャンルーウェイ》〉

ガラスケースのなかには、煮込んだ内臓、魚の皮に豆腐、練りものにワラビのような野菜などがひと口大に切られて並んでいた。これをどうするのだろうか。家郷とは家庭料理のような意味だろうか。滷味は以前、気になって、日本語のできる台湾人や台北在住日本人に訊きまわったことがある。滷という漢字は日本の漢字にはない。中国大陸でも見たことがないと聞いたからだ。台湾だけに広まっている漢字の可能性があった。

滷とは煮込むという意味だった。台湾人はこの滷味をよく食べる。庶民派食堂のメニューにも登場する。台湾独得の味だった。ポイントは煮込むときのスープだった。醤油をベースに、そこに八角や漢方食材、香辛料を加えてつくるらしい。それがその家庭や店の滷味を左右するらしい。

では、滷味とはどんな味なのかということ、これが説明しにくい。ある台湾人は、台湾風おでんともいった。日本人がおでんだしをうまく説明できないのに似ている感覚である。

甘い味ではない。しかししょっぱいかというと……そうでもない。つまりは滷味に落ち着いてしまうのだった。

店の前には列ができていた。注文しているところを見ていると、店員は注文された食材を器のなかに入れ、香辛料をまぶして和えるだけである。屋台向きのファストフードでもあった。

「これはビールに合う」

直感的にそう思った。滷味にやや辛味を加えて仕上げているからだ。できあがった滷味を、客はビニール袋に入れてもらっている。それを手にビールを買いに走ればいいわけだ。

〈下水湯《ハーズイタン》〉

まさか日本の漢字の意味ではないだろう。横には下水麺とも書かれていた。では、なんなのだろうか。下の水、いや水の下……スープにも麺にもなるもの。水が流れ下るわけだから、川の河口に生える水草だろうか。いくら考えてもぴんとこない。台北在住の知人に電話をかけてみた。

「下水？　あ、それはモッ」

わかってしまうと、なんていうことはなかった。モツか……。ちょっとテンションが下がってしまう。しかし、どうしてモツが下水なのだろうか。一説では、昔、モツは食べずに下水に流していたから……というのだが、少し説得力に欠けるような気がしないでもない。

〈赤肉咖哩飯《チャーバガーリーファン》〉

寧夏路夜市で出合ってしまった。カレーである。このメニューを見ると、衝動を抑えることが難しくなってしまうのだ。おいしいわけではない。ただ、ひたすら懐かしいのだ。そういう料理は誰にでもあるはずだ。料理は進化し、食材も洗練され、その味に手応えを得ても、人には、おいしいだけでは埋められない食の領域というものがある。記憶の食といってもいいかもしれない。たとえば、味は濃いが母親がつくる煮物……。駄菓子屋で売っていた恐ろしく甘いチョコレート……。

色の薄い、小麦粉を加えたカレーに反応してしまうのは、そう、年齢でいったら五十歳以上だろうか。昔、こんなカレーが日本の食堂では多かった。

家郷滷味。指さし注文できる台湾式つまみ。この料理の奥はかなり深い

つくってもらった滷味。うまいのだが、見た目がなんとなく食欲を削いでしまう

カレーは肉系料理のカテゴリー。カレーの辛さはほとんどないから、自然とそうなる？

その後、日本のカレーは本場の味に近づき、インド人やバングラデシュ人がつくるカレー店が増え、すっかり姿を消してしまった。どちらがおいしいか……と訊かれれば、いまの日本のカレーに軍配をあげるが、昔カレーには強い吸引力がある。僕はそういう世代だった。

カレーは日本ではそれなりの進化を遂げたが、日本がもち込み、台湾に根づいてしまった昔カレーは、進化系からはずれてしまった。カレーのシーラカンスのように、台湾の食堂の片隅に棲息《せいそく》していた。本場のカレー屋が台湾にないわけではない。しかしその勢いは、日本のそれより弱く、昔カレーは控えめだが、その位置を失っていなかった。

台湾ではじめてこのカレーを食べたのは、基隆の屋台だった。目が虚ろになった。食べはじめると、なかからたくあんが出てきた。そして店員は、それがあたり前のように、薄い味噌汁を出してくれた。

そのカレーが、寧夏路夜市にあった。これははずすわけにはいかないだろう。

ふーッ。ここまで屋台をのぞきながら歩いてきたが、寧夏路夜市の三分の二ほど進んだだけである。電灯に照らし出された店がまだまだ続いている。腹もすいてきた。

〈大腸麪線《ダーチャンミィエンシィエン》〉

麪線は知っていた。線のような麺。つまり細い麺である。日本のそうめんに食感は似ている。そこに大腸……。大腸包は入口にあった店のメニュー。ソーセージだったが、包がない。煮込んだ大腸が載っているのだろうか。

〈臭豆腐《チョウドウフー》〉

この臭いが嫌だという日本人は少なからずいる。夜市とか市場には、必ずといっていいほど臭豆腐屋があるから、どこからともなくその臭いが漂ってくる。嫌いな日本人は、

「わッ、クサドウフ」

などと鼻をつまむことになる。僕はこの臭いに、「台湾に来たな」と実感するほど食べているわけではないが、この豆腐は不思議なことに、料理として運ばれてくると、あまり臭いがしない。サクサクとした揚げ豆腐の食感なのだ。

臭豆腐には悪いが、僕はつけあわせのキャベツや白菜の酢漬けのほうが好きだ。漬けものは変哲のない味だが、臭豆腐と一緒に食べるとおいしい。臭豆腐は不思議な食べ物である。

夜市はあと二十メートルほどである。チェックするのは、あと二、三十軒というところだろうか。

〈原住民《ユエンジュミン》山豬肉《シャンジュロウ》 香腸《シィアンチャン》〉

目が、いや耳が反応してしまった。民族衣装を着たのっぺりとした顔だちのおばちゃんが、歌を口ずさみながら、腸詰めを焼いていたのだ。音の高い民謡のようなメロディーだった。本物の肉を使っているのかどうかはわからなかったが、料理名はわかった。

小腹を満たそうと一本、買ってみた。三十五元、百二十円ほどだった。串に刺さった腸詰めを受けとると、手前に置いてあるたれをつけろ……と身振り手振りで教えてくれた。そのなかに黄緑色のたれがあった。腸詰めをつけて食べてみると、わさびだった。台湾の腸詰めは、やや甘く仕あがっている。わさびの辛さがよくあった。

ひとつの話を思い出した。いったい誰から聞いたのだろうか。昔、山から下り、台北に用事をすませるためにやってきた彼らは、よくわさびを手土産に持ってきたという。山深い渓流のなかに生えたわさび芋をそのまま。きっと金もなかったのだろう。もらった人は大量のわさび芋の処分に困ったという。台北にいる台湾人は、

このおばちゃんが、歌を口ずさみながら腸詰めを焼いていた。優しい顔立ちだった

わさびをつけるのは、日本人好みの食べ方？　日本統治時代の名残？

麪線も夜市には欠かせない料理。これを3、4人でつついて食べるのが夜市流

わさびといえば刺身しか思い浮かばなかったのだ。

そうか。腸詰めにつける方法があったのだ。

腸詰めを食べながら先に進んだ。知高飯《ジーガオファン》などという、またしても悩んでしまう看板もある。人参茶やサトウキビジュースの専門屋台もある。その先で民生西路《ミンシェンシールー》に出た。夜市はここまでだった。

さて、夕飯をどうしようか。心のなかではほぼ決まっていた。家郷滷味を買い、コンビニにビールを買いに走る。次いで赤肉咖哩飯。余裕があったら紅豆餅。今晩はこれでいこう。

問題は食べる場所だった。赤肉咖哩飯の屋台は裏に三、四個のテーブルがあったが、それ以外の店にテーブルはなかった。ここで発揮しなくてはいけないのが、注文と厚顔の微妙なバランス感覚だった。たとえば、赤肉咖哩飯の店で注文をしてテーブルに座る。これはなんの問題もない。ところがそこで、滷味の入った袋を開け、缶ビールをプシューと開けると、にわかに緊張が走りはじめる。

夜市の店は回転が早い。値段も三十元から七十元といったところに抑えられている。つまり、安さを回転で補っているのだ。そこにどかっと座り、ほかの店で買った料理とビールを開けられたら……。とくにビールが問題だった。長く居座る可能性がある。回転率で稼ぐ屋台の主人は、頬の筋肉が引きつってしまうのだ。店の混み具合も考慮しなくてはいけない。すいている時間帯なら大目に見てくれるが……。どのみち、ビールを開けたところで、店員の鋭い視線が飛んでくる。それをかわし、

（急いでビールを飲むから、ちょっと座らせてね）

という善良な観光客を装い、その店に居座るわけだ。台湾人のホスピタリティーにつけ込むテクニックが必要になってくる。

台湾の人は平気な顔で、この荒技をやってのけるのだが、日本人にはけっこう難しい。そういう民族だと思う。しかし、これにトライしないと、ビールは飲めないのだ。

家郷滷味で六種類の滷味を和えてもらった。その足で裏にあるコンビニに入る。ロング缶は火に油を注ぐようなものだから、普通サイズの缶を買い、夜市に戻った。赤肉咖哩飯の店に向かう途中に空いていそうなテーブルを物色する。なにしろ寧夏路夜市には、二百軒、いや三百軒近い屋台が連なっている。そのなかに、どこの店のものでもないエアポケットのようなテーブルがあるかもしれなかった。

「おやッ？」

排骨酥《パイグースー》、つまりとんかつ屋の屋台の裏手に暗いテーブルがある。周りには、屋台

の燃料やケースなどが乱雑に置かれている。近くの屋台からは適度に距離が保たれていて、どこかの店のテーブルという風ではない。

「ここ、いけるかも」

阿部カメラマンに目配せした。

「いけるかもしれませんね」

さっと座り、手に持っていた滷味の袋をテーブルに置いた。それを開き、ビールの栓を抜く……。さて飲もうかという矢先、向かいのビーフン屋の店員がメニューを手にとり、こちらに向かってくるのが見えた。

甘かった。ここは台湾なのである。彼らがつくった夜市に、エアポケットテーブルなどあるはずがなかった。いや、このビーフン屋は、そんな客の心理を巧みに読んでいる節すらあった。暗がりのなかにあえてテーブルをぽつんと置く、どの屋台とも関係のないテーブルのように演出するのだ。そこに座る人を向かいから確認すると、目のなかにぽっと光が射す。

「引っかかった……」

クモのような店だった。糸を張り、獲ものを待ち構えていたのだ。いや蟻地獄か。彼らはその底に潜むウスバカゲロウの幼虫だった。僕らはその罠にしっかりかかってしまった。

「ビーフン、頼まないといけないんでしょうね」

しかたなくひと皿三十元、百円ほどのビーフンを頼んだ。

どことなく居心地が悪いテーブルで、滷味をつまみにビールを飲む。滷味は予想通りの味で、ビールにぴったりと合う。ここまではうまくいったのだが、なんとなく落ち着かない。

ほどなくして焼きビーフンがひと皿、テーブルに置かれた。意にそぐわないが、箸でつまんで食べてみる。

「ん？」

うまいのだ。やたらうまいのだ。客を引っかけるクモ、いや蟻地獄の底で待ち構えるウスバカゲロウの幼虫のような台湾人は、どこか手抜き料理を出すような気がしていた。まあ、三十元だからよしとしよう……そんな味への予測があった。しかしその疑いを、みごとに覆す味だった。台湾人は侮れない人々である。

滷味を口に運び、ビールを飲み、ビーフンを箸でつまむ。そのうちに、困ったことにビーフンがなくなってしまった。三十元のビーフンにしたら、かなりのボリュームがあったが、いつの間にか皿が空になっていた。腹がへっていたこともあったのだが、箸が進んでしまう味なのだ。

「もうひと皿、頼みませんか。これで三十元っていうのは、すごい得ですよ」

阿部カメラマンの言葉にうなずきかけたが、途中で頭を止めた。

（赤肉咖哩飯はどうなるのだ）

滷味を食べ、ビールを飲み、ビーフンを一人前ずつ食べると、もう腹が一杯になってしまいそうだった。

悩んだ。かなり迷った。そしてビーフンを頼んでしまった。その味に負けてしまった。

「赤肉咖哩飯は明日にするか」

夜市はなかなか思うようにはいかなかった。

翌日は雨だった。昼は小康状態を保っていたのだが、夕方から激しい雨になった。夜市は雨だからといって中止になるわけではない。それぞれの屋台には屋根がついているし、テーブルの上にはシートが張られ、濡れることはない。しかし屋台と屋台の間の通路、夜市のメイン通りは傘をさして歩かなくてはならない。夕方からの雨はやはり客足を遠のかせてしまう。有名な士林の夜市はリニューアル工事を経て、夜市は地下街になったという。雨の日でも大丈夫というわけだ。訪ねる観光客も多く、店舗数の多い士林夜市は、そんな雨対策もできるのだろうが、寧夏路夜市には無理な話だった。

「今日は雨だから休む」

赤肉咖哩飯の店は、雨天休業を決めてしまったらしい。傘をさし、寧夏路夜市を二往復したが店はみつからなかった。夜市は年中無休だが、店の定休日にあたっていたのかもしれない。

そして翌日、再び寧夏路夜市に分け入っていく。

「いた」

赤肉咖哩飯の看板に吸い込まれるように近づく。大きな鍋にカレーがつくられていた。

「これでなくちゃ」

テーブルに置かれた赤肉咖哩飯を前にうなずく。丸い皿にご飯が盛られ、その上からご飯が見えないほどにカレーがかけられている。ご飯の脇に盛るスタイルではない。じゃがいも、ニンジン、肉といった具が顔をのぞかせている。カレーの色は黄に近い。テーブルには、たくあんが容器のなかに入れられていた。

このカレーを昔、何回食べただろうか。贅沢をいえば、横に三ツ矢サイダーのロゴが入った小さめのコップに水が注がれ、そのなかにスプーンが突っ込まれていてほしい。これで完璧に、あの時代のカレーが再現できるのだが。まあ、ここは台湾である。そこまでは望めないだろう。

スプーンを赤肉咖哩飯に差し込み、ご飯と一緒に口に運ぶ。

「……ん」

なんの抵抗感もない。カレーなのだが辛味は遠く、刺激がなにひとつない。その味はとめどもなく優しい。時計の針が猛烈な早さで逆まわりしていく。四十年前の駅前食堂。僕は安物の椅子に座り、デコラのテーブルの上に置かれたこのカレーを頰ばっている。

いつの間にか、日本ではこのカレーが消えていってしまった。家庭では子供向けのカレーとして残っているのかもしれないが、食堂では姿を見せなくなった。そのカレーが、台湾ではしっかりと残されていた。日本人には進化からとり残されたシーラカンスカレーに映るが、台湾では現役である。

「グリンピースもある」

写真を撮っていた阿部カメラマンが声をあげる。四十代の後半。あの昔カレーを

気もそぞろの咖哩飯。
頭のなかは40年前に飛んでいます

知っているぎりぎりの世代なのかもしれなかった。

「そうだよな。昔のカレーは必ずグリンピースが入っていた」

横に置かれているたくあんを食べてみる。こりこりとした歯応えのそれは、日本とまったく同じ味だった。これも台湾にはしっかり残っていたのだ。

あっという間に平らげてしまった。まったく辛くないから、途中で休む必要もない。

食べ終えると、高級料理では味わえない満足感がひたひたと押し寄せてくる。胃と一緒に心も満腹になった充実感。七十元、日本円で二百四十円ほどの赤肉咖哩飯には、ずっしりと昔の日本が詰まっている。

寧夏路夜市の屋台の照明が潤んでいた。

舌に刷り込まれてしまった日本食

ひとつの日本料理を探していた。それは市場にあるはずだ……と台湾人がいった。朝、早めに起きて雙連の朝市に向かう。ＭＲＴという地下鉄の雙連駅から民権西路駅の手前までさまざまな出店が並ぶ。葉もの野菜、タケノコ、お茶、魚、サトウキビ、おばさん向けブラウスに下着……。バケツのなかで魚が飛び跳ねる横で、ブラジャーが売られている。脈絡というものがなにもない。

注意深く探したのだが、みつからない。

松江市場にも足を向けてみた。そこにもなかった。

「うちは、一カ月に一、二回、いや一週間に一回ぐらい、母がつくってくれました。あれが日本の料理だって知ったのは大人になってから」

家庭に残る日本の味なのだろうか。

諦めかけた頃だった。

朝、民生東路を歩いていると、それは、あたり前のように、パックされて売られていた。

いなりずしである。太巻とセットになって売られ、ひとパックが六十元だった。

小さな店だった。なかでは次々にいなりずしや太巻をつくっていて、できたところから店頭に並べられている。その、あまりにあたり前な光景に、一瞬、台北にいることを忘れそうになってしまった。

食べてみた。いなりずしの油揚は、日本のそれより甘さを抑えていた。なかに詰めるすし飯は酢がやや弱い。薄味を好む台湾人である。日本の統治時代に広まり、この島に残ったいなりずしは、ガラパゴス的進化を遂げていた。太巻はでんぶ、キュウリ、卵などが入っている。すし飯の酢が薄いことを除けば、日本のそれによく似ている。横に薄黄色のガリも添えられていた。

世界では日本食はひとつのブームである。油をあまり使わない日本食は、肥満に悩む人たちに好まれている。ラーメンとすしは、そのなかでもトップクラスの人気を集めている。

しかし台湾の日本料理は、レベルが違う。日本食ブームがないわけではないが、カレー、いなりずし、日本酒……と、ありふれた日常食のなかに、日本料理が佇《たたず》んでいるといった感じなのだ。若い人のなかには、それが日本食である

いなりずしと太巻はここでみつけた。偶然に。台湾は侮れない

『第一壽司屋』の難解メニュー。漢字の想像力で解読するしかない

ことを知らない人も少なくない。

『第一壽司屋《ディーイーショウスーウー》』という店に入ってみた。創業六十年の老舗という看板の文字が気になったのだ。

世界の都市ではここ二、三十年の間に、日本料理屋が次々にできた。居酒屋、ラーメン屋も多い。それらは戦後の日本で定着した日本料理店である。しかしこの店が暖簾を掲げた六十年前は、敗戦から十年そこそこしかたっていない頃である。台湾に根づいた日本食の店といったらいいだろうか。

メニューはわからないものがいくつかあった。『椒鹽前軟絲《ジャオイエンジンニンシー》』などという漢字を眺めても、それがイカとエリンギの炒めものであることなど、なかなかわからない。

「豆皮寿司ってなんだろう」

豆の皮……豆は豆腐かもしれない。豆腐の皮？　油揚かもしれない。油揚は果たしていなりずしだった。油揚は日本のそれに似ていた。すし飯の酢も、民生東路のものより強かった。これが戦前、台湾で食べられていたいなりずしのような気がしてきた。

日本軍が去った後、大陸から国民党が台湾に入り込んできた。彼らは台湾の人々に中国の公用語である普通語を強要した。同時に日本語を話すことを禁じた。日本からの情報は途絶えた。しかし日本料理は台湾から消えることはなかった。国民党は料理まで禁止することをしなかったのか、できなかったのか……。そのあたりは興味深いテーマかもしれない。

言葉という頭で覚えたものは封印することができるが、料理という舌に刷り込まれたものは、なかなか消すことができないということだろうか。

しかし六十年前にこの店をオープンさせた主人は、戦々恐々だった気がする。日本語を一切使わずにメニューを決めるのに苦労したのかもしれない。台湾では、いなりずしを稲荷寿司と書くのが一般的だという。しかしこの店は豆皮寿司だった。それは考えすぎだろうか。

だが一方で、この店の常連は国民党の人たちだった可能性も高い。彼らはあの頃、完全な特権階級だった。そのあたりから、厄介な台湾問題に入り込んでいく。日本が残した料理のいまは、なかなか奥深いものを抱えている。

第六章

濃密な自然のエネルギーを腕の痒みで知らされる

台北という街は、特別に美しいわけではない。街歩きに向いているかといえば、そうとも思えない。シンガポールの中心街のように木々が多いわけではないし、ペナンのように歴史的な建物が多いわけでもない。

台北の気候は、日本人が思っている以上に厳しい。北回帰線が台湾のほぼ中央を横切っているわけだから、夏場の日射しはきつい。湿度もかなり高い。

日本が冬の時期、たしかに台湾は暖かい。しかし思った以上に雨が多く、ときにやりどころがないような寒さに包まれることもある。暖房がないとすごせないほどではないが、電気ストーブでもあれば……と思うこともある。なぜか一月、二月に蚊も多くなる。

日射しが強く、雨の多い気候は、日本でいえば新潟県にある雁木《がんぎ》のようなつくりの歩道をつくった。雁木は雪を防ぐためのものだが、台湾のそれは光と雨である。雁木は歩道の上に屋根をつくったが、台北のそれは二階が歩道の上にせり出してくる構造である。都市というものが生んだつくりである。

暑い時期や雨のとき、この歩道は助かる。しかし歩きやすいかというと、そうでもない。台北はバイクが多い街で、歩道上はバイクの駐輪場になっていることが多い。店によっては商品を歩道上に並べているし、自転車やバイクの店は、歩道を修理スペースに使ったりする。すいすいと歩くことができる道ではないのだ。

台北で街歩き……あまり考えてもみなかった。しかしある日、台北駅の南側から台大醫院という大きな総合病院の前を通り、善導寺の方向に歩いていると、一軒の日本家屋が目にとまった。黒い瓦の屋根に茶室の入口のような門……そして板の壁、どう見ても日本家屋だった。くすんだ色あいのビルが多い台北だが、その一画は、それにも増して暗い色あいだった。平屋の住宅で、左右は数階建てのビルが建っていた。

「こんな家が残っていたんだ」

それは街歩きの小さな驚きだった。東京だったら、頑固そうな老人がひとりで住んでいるような家の風情だった。ときどき、不動産屋が現われて、

「ここを建て替えてマンションにしませんか。月々の家賃収入で建築費を払っていけば……」

などという説得にも耳を貸さないタイプの老人の顔が浮かんでくるような家だっ

たのだ。

近づくと、そこは食堂のようだった。『天命庵』という看板が見える。店が開くのは夕方からのようで、あたりはしんとしていた。入口の前で、黒い犬が暇そうに寝入っていた。

もう少し先に進んでみた。立派な日本家屋が見えてきた。かつての市長官邸だった。内部は少し高そうなレストランに改装されていた。建物はしっかり修復され、日本式の庭園まで残されていた。

徐州路《シューージョウルー》をさらに進み、杭州南路《ハンジョウナンルー》を横切って銅山街《トンシャンジィエ》に入った。狭い路地があり、そこをのぞくと、老朽化した日本家屋が続いていた。家によっては屋根をトタンで覆っていたが、そのつくりは日本家屋そのものだった。どの家も軒が低い。昔の日本の家だった。ここには人が住んでいる。どこか人の家の庭先に入り込むような気分で路地に分け入ってみる。幅にして二メートルもない狭い路地である。窓はところどころ新しい木材で補強した痕跡が残っている。朽ちそうな日本家屋を、ちょこちょこと直し、なだめるように暮らしている風情だった。

路地は三、四十メートルで終わり、出口には大きなガジュマルの木があった。周囲はコンクリートでつくられたビル型の住宅になっていた。その路地だけ時代にと

『天命庵』の外観はまさに日本。若い台湾人にはクールに映るとか

ちょっとセレブっぽい客層だった。
インテリアは高そうな日本の骨董品

『天命庵』は台湾テイストの日本料理。オリオンビールもありました

り残されていた。日本家屋街といえば聞こえはいいが、日本家屋を知らない人なら、都会のなかにぽっかりと生まれたスラム街にも映る。かつてはしっかりとした日本家屋だったのかもしれないが、廃材を寄せ集めたバラック住宅群と外観に大差はないのだ。

この家に比べると徐州路にあった『天命庵』という食堂や旧市長官邸は、表に出してもいい日本家屋だった。しかしその背後には、みじめさすら漂ってくる日本家屋群があった。

銅山路街をさらに歩いてみた。次々に日本家屋がみつかった。多くがコンクリート塀に囲まれていて、家の様子はわからなかった。かすかに見える屋根には、木々のつるが絡まり、瓦が抜け落ちているところもある。庭に生えているガジュマルの気根も屋根に達し、どこか薄気味悪い光景だった。誰も住んでいないようだった。家というものは、人が出てしまうと、一気に朽ちていくものだ。

台北の中心部、ビルに囲まれるように、こんな廃屋が点在していた。そのすべてが日本家屋だった。

かなり大きな廃屋があった。周りをコンクリート塀で囲まれていた。ちょうど角のところに白いパネルがはめ込まれていた。そこには、『国民党軍』、『海軍』といった文字が見えた。

そういうことだった。

日本軍や日本人が台湾から引き揚げた後、台湾に乗り込んできたのは中国の国民党だった。彼らが空き家になった日本家屋を接収し、そこに住んだ可能性が高かった。国民党軍の土地になってしまった以上、民間人は簡単に手を出すことができない。ほかの土地には、次々にビルが建つというのに、そこだけ腫れもののように人々は避けてしまう。そんな家が放置されているようだった。

台湾東部の花蓮《ホワリイエン》で聞いた話を思い出した。

花蓮市内に将軍府と呼ばれる地区がある。ここには十数軒の日本式家屋が残っていた。兵士たちの家は、昔の長屋スタイルで、その向かいには立派な一軒家も残されていた。それは中村大佐の家だった、と入口の案内板に書かれていた。将軍府という名称も、そのあたりからつけられたのだろうか。日本でいちばん偉いのは将軍様……この地名をつけることで、当時の日本人や日本軍をもちあげていたのかもしれない。

この将軍府の建物が修復され、イベントを行うサロンができた。今後、日本家屋を使った民宿や茶館もオープンするのだという。

この建物は、戦後、国民党政権が接収した。いまも国防部の所有なのだが、地元の町会が借り受けることができ、修復がはじまったという話だった。しかし台北市街は、そうもいかないのかもしれない。

今年（二〇一三年）、韓国の九龍浦《ジョウロンプー》と群山《チュンシャン》という街を訪ねた。ここに日本人町が残っていると聞いたからだ。戦後、台湾や韓国から日本人は引き揚げていった。残った日本式の建築物のなかで、神社は徹底的に壊された。日本軍が精神的な拠りどころにしていたからだ。九龍浦にあった神社の鳥居は倒され、土に埋まり、その一部が顔をのぞかせているだけだった。その動きは台湾でも大差はない。台北には台湾神社が建てられていたが、それは壊され、その跡地に圓山大飯店《ユエンシャンダーファンディエン》が建っている。

しかし、日本人が住んでいた住居は事情が違った。韓国の日本家屋は、意外なほどしっかりと残っていた。聞くと、いまでもその家に暮らしている人が多いのだという。橋本家という、当時、町の実力者だった家が保存され、見学できるようになっていたが、この家も、三年前まで、韓国人が住んでいたのだという。保存状態がいいのはそのためだった。

台湾は韓国や中国に比べれば親日の度合いが強いといわれる。しかしそれは政治レベルの話なのか、人々の意識の問題なのか……となると、簡単に結論を出すことができなくなってしまう。仮に人々の意識という領域で語れば、台湾の日本家屋は、ひとつのねじれが廃屋を残してしまったことになる。

台北の人たちが、街のまんなかにある日本家屋を放ったままにしているのは、その周囲に台湾問題が張りめぐらされてしまったからだ。それが台湾という島が背負った歴史でもあった。

徐州路から銅山街界隈を歩きながら、ひとつの樹木のことが気になっていた。ガジュマルだった。徐州路の一部は、ガジュマル並木といっていいほど、みごとなガジュマルが街路に沿って続いていた。廃屋になった家の庭にもガジュマルがあり、すだれのように垂れさがった気根越しに見る日本家屋は、幽霊屋敷の趣すらあった。台北の自然はただものではなかった。人がいなくなった家は、いつの間にか、ガジュマルをはじめとした亜熱帯の樹木に覆われていってしまう。

ガジュマルというと、どこかタイやカンボジアに繁茂する樹木のようなイメージをもつ日本人は多い。枝から垂れさがる気根、波打つような根、幹と幹が絡みあうような姿に、東南アジアの密林を思い描いてしまうのだろう。

しかし東南アジアに、ガジュマルの木はそれほど多くない。たとえばアンコール・ワット。遺跡に絡むように伸びる樹木は、訪ねる人に東南アジアの自然の濃密さを教えてくれる。有名なポイントは、タ・プロームの遺跡だろうか。石で築かれた遺跡に直径が三メートルもある樹木が巨大なヘビのように絡みついている。しかしあの木はガジュマルではない。カンボジア人がスポンと呼ぶ木である。ソンポンという和名もあるらしいのだが。

アンコール・ワットの遺跡に絡みつく木々をよく見ると、気根が垂れていない。ガジュマルに比べれば、かなりすっきりした木なのだ。

スポンの木はアンコール・ワット周辺の広場などにも生えている。なにも障害物がなければ、すくすくとまっすぐ伸びる木のようで、ずいぶん背のある高木に育つ。遺跡のなかのスポンは、石の天井や柱に行く手を阻まれ、しかたなくくねくねとした人生になってしまっただけだ。もともと幹が絡み、気根を垂らすガジュマルとは、木の生きる道のようなものが違うのだ。

ガジュマルが多いエリア……僕の感覚では台湾と中国の福建省、そして沖縄である。街路、家の庭……とさまざまなところで目にする。森のなかにも生えているのだろうが、ほかの樹木と混じり、その存在感は薄れてしまう。生命力の強い木なのだろう。森や林といった環境が整わなくても、立派な木に育つ。排気ガスが漂い、十分な日の光が届かない街のなかでも、その存在感を見せつけるような木になる。人の目に触れることが多い木なのだ。

中国語でガジュマルは榕樹《ロンシュー》と書く。榕という文字は、日本では「あこう」という常緑樹の意味になるが、中国語の世界では、「人が集まる」と解釈されるという話を、ものの本で読んだことがある。ガジュマルがつくる日陰に人が集まる……そんな意味も含まれているらしい。

僕も一時ガジュマルの苗木を育てていたことがある。散歩の途中、園芸店でみつけたのだ。どことなく、南国の木が家にあることが気に入っていた。十年ばかり育てただろうか。一メートルほどの高さになった。日本の冬を戸外で何回も越したから安心していたのだが、三年前、寒さと雪にやられてしまった。

タイのチェンマイでも、ガジュマルを育てている老人に会った。第一章で紹介した沖縄出身の新里愛蔵さんだった。彼はこんなことをいった。

「昔、テレビで観たんです。羊が死期を悟ると、木の下に移動するんだそうです。そして木の下に横たわって死んでいく。すると、死体が木の栄養になるんです。自分もそうしようと思ってね。石の墓のなかに遺骨を埋めても、自分の体はなんの役にもたたないでしょ。それに大きな木になれば、百年も二百年も緑の葉をつける」

庭で育てているガジュマルは、彼の墓だったのだ。彼の話は『愛蔵と泡盛酒場「山原船」物語』という本にまとめさせてもらった。

ガジュマルという木は、気根を垂らす不思議な姿が強い印象を残すのか、人の心に、さまざまな想像を生むようだった。

台北の街には、とにかくガジュマルが多かった。あれは三、四年前のことだった。南京東路《ナンジンドンルー》に面したオフィスに用事があって出かけたことがあった。強い雨が降り続いていた。約束の時刻より三十分も早く着いてしまい、近くを歩いていると、ひとつの公園に出た。中央に東屋があり、雨宿りのつもりで公園に入った。東屋のベンチにぼんやりと座り、周囲を眺めると、そこにあるのはガジュマルの木ばかりだった。ほれぼれとしてしまうほど大きなガジュマルだった。伊通公園《イートンゴンユエン》という名前がつけられていた。

道や公園で育てば、ガジュマルは日陰をつくってくれるのだろうが、家にとりつくと、そこを人も近づけないような面妖さが漂う空間にしてしまう。人の力で、その旺盛なエネルギーを、ぎりぎりのところで止めているのが、台北という街なのか

ガジュマルで埋まった伊通公園。ビル街のなかに忽然と出現する

もしれなかった。

台北は近代的な都市である。地下を電車が走り、道路をバスや車が埋める。無料のWi-Fi電波の充実ぶりは、アジアでいちばんだと思う。駅や公共の場では、必ずといっていいほど電波が飛んでいて、メールの送受信ができてしまう。その密度は、東京など足許にも及ばない。

しかしこの街は、濃い自然のエネルギーをコンクリートの力で必死に押さえ込んでいることで成り立っている街なのかもしれなかった。

自転車に乗り、台北の郊外に出たとき、改めてそう思った。淡水までのサイクリングは第四章で紹介しているが、市街地を出発して一時間ほど走ったところで、基《ジー》隆河《ロンフォウ》の浅瀬をマングローブがぎっしりと埋めていたのだ。日本でマングローブといえば沖縄なのだが、石垣島や西表島にしても、市街地から十分以上、車を走らせないと見ることができなかった。しかも沖縄の離島と台北では、街の規模がまったく違っていた。

石垣島のある石垣市の人口は五万人弱である。ここには竹富島など周辺の島の人口も含まれている。石垣市街地の人口はどれほどだろうか。三、四万人という気がする。一方、台北市の人口は二百七十万人近くあり、台北に隣接するエリアを含めた台北都市圏という見方をすると六百五十万人を超えるともいわれる。石垣市街地郊外にマングローブの林があるということと、台北郊外にマングローブが密生しているということは意味が違う。それほどまでに、台湾の自然はエネルギーを秘めているということなのだ。

台湾という島は、インフラが整い、いまでこそ近代的な島の顔をしているが、長く未開の島に映っていた。ある先住民には敵を殺すと首を狩る風習があると恐れられていた。そう古い話ではない。

一八七一年（明治四年）、那覇を出航した沖縄の宮古島と石垣島の船が嵐に巻き込まれ、台湾に漂着するという事件が起きた。宮古島の船は、台湾の南東海岸に着いた。六十九人の船員が乗っていた。当時の様子は、『宮古島民台湾遭難事件』（宮國文雄著、那覇出版社）にこう書かれている。

「『耳の大きな人がいて、首を狩る』と二人の案内人が言ったことも、『不仁極まる習慣のある所』からあながち嘘ではなかったようである。『耳頬が大きく肩まで垂れ下がっている』と見たのは現地人達のアクセサリーであったらしい」

そして船員のうち五十四人が殺されてしまうのだ。

台湾はもともと、フィリピンやマレーシア人に近い先住民が暮らす島だった。この島が歴史の舞台に顔を出すようになるのは大航海時代だった。スペインに次いで現われたオランダは台南周辺に拠点を築き、スペインは北部に進出する。やがてオランダはスペインを追い出し、プランテーション経営のために、福建省や広東省から漢民族を労働者として移住させた。しかしこのオランダも、漢民族の鄭成功《ジェンチェンゴン》の軍勢に攻撃され、台湾から去っていくことになる。

中国では明の時代が終わり、清朝の時代に入ると、台湾への移住が急増する。清という北方系民族の支配を嫌った漢民族が、続々と台湾海峡を渡るのだ。清はこの動きに制限を加えていくが、この流れは止まらず、一八九三年の調べでは、その数は二百五十四万人に達したといわれる。渡った漢民族は、台湾と海峡を挟んだ福建省に住む福建人や客家人《クウージャ》が多かった。

しかしこれらの台湾をめぐる動きは、台湾の中南部の海岸線を舞台にしたものにすぎなかった。清朝も台湾を「化外《けがい》の地」として扱った。「化外の地」とは、皇帝が支配する領土ではないという発想である。漢民族が支配する地域は限られ、台湾は多くの先住民族が暮らす島であり続けたのだ。

石垣島の船は、漢民族が多く住む台湾西海岸に漂着し、保護されていた。先住民の襲撃を逃れた宮古島の船員も中国系官吏に保護され、彼らは翌年、中国の福建省の福州に送られる。福州には琉球館という施設があった。そこで保護され、石垣島と宮古島に戻ることになる。

江戸時代、薩摩藩に支配されていたとはいえ、沖縄の琉球王国は存在し、量こそ多くないものの中国との交易はあった。その航路は沖縄と福建省を結んでいたが、途中の台湾に寄ることはなかった。交易ということからいえば、台湾に寄港する意味はなかったのだろうが、それ以前に、この島は危険だったのだ。首を狩る先住民の存在もあったが、マラリアも怖かったといわれている。当時の琉球人にしてみれば、中国との間に、ぽっかりと未開の島が存在していたことになる。

台湾に行っていつも思うのだが、この島は蚊が多い。台北で蚊が増えるのは、一、二月だが、地方都市の少し郊外に出ると、その痒みに悩まされることがある。いまはマラリアを気にすることはないが、雨が多く、温暖な気候は蚊にとってもありがたいのだろう。

台湾の街を歩いていると、『乾衣』という看板をしばしば見かける。衣類の乾燥屋である。店内には、大型の乾燥機がどんと置かれている。こんな商売が成り立つほど、台北は湿度が高い。

「洗濯ものを干しても、日本のようにパリッと乾かないんです。なんとなく湿っぽい」

それほど湿度が高い島なのだ。

時代はくだるが、台湾を日本が支配していた頃、台湾東部に日本人が移住している。四国や北海道からの移民が多かったという。花蓮郊外には寿豊郷《ショウフォンシャン》や吉安郷《ジーアンシャン》などという地名がついているが、かつてそこには日本人が住む村があった。豊田村の豊をとって寿豊郷になったという。吉安郷の吉は四国の吉野川である。

彼らは米、サトウキビ、タバコなど、さまざまな農作物を手がける。当時の日本は南進策という枠組みのなかにいた。南国での農業を身につけ、その技術を、さらに南の国々で実践しようとしたのだ。しかし彼らが悩んだのは、作物をつくることより、マラリアをどう防ぐかだったといわれる。

中国大陸からの漢民族の移民は、まず台湾の西海岸からはじまった。大陸からの航路を考えれば当然のことだった。東海岸は漢民族の入植も少なく、まだ先住民が多く暮らす土地だった。その開拓を担う日本人は、この島の濃密な自然と闘うことになる。それはマラリア問題に収斂《しゅうれん》されていったようだった。

台湾という島は、これでなかなか厄介ものだったのだ。

詳しい話は後述することになるが、台湾中部の嘉義《ジャーイー》の南にある北回帰線駅を訪ねた。すでに廃駅になっていた。周囲は膝丈ほどに伸びた雑草で覆われていた。それをかき分けるように進み、ようやく駅まで辿り着いた。阿部カメラマンは、廃駅と列車を一緒に収めようと草むらのなかでカメラを構えていた。

その日の夜、僕らふたりは、さかんに腕を掻いていた。いくつかの突起が見え、そこが猛烈に痒かった。

「なにかの虫に刺されちゃいましたね」

「蚊じゃないみたい。ぜんぜん痒みが引きませんから」

「あの草むらかな」

「たぶん……」

北回帰線駅周辺の草むらに、なにかの虫が潜んでいたようだった。

翌日になっても、痒みは消えなかった。昼間は気が紛れ、腕に手が伸びることもないのだが、夜になると、いたたまれないような痒みが腕を走った。三日たっても、四日たっても、その不快感は消えなかった。

痒いからどうしても掻いてしまう。すると翌日、その隣に突起ができ、またそれが痒みを発する。刺された部分にある毒素が掻くことで広がっていくのかもしれなかった。

あのときと同じだった。だいぶ前だが、インドネシアのスラウェシ島を訪ねたことがあった。この島には、みごとな熱帯雨林が広がっていた。この森にはタンココと呼ばれる夜行性のメガネザルがいる。もしかしたら、見ることができるかもしれない……と森に詳しいレインジャーと一緒に分け入った。明け方、巣に帰るときがチャンスだといわれた。

しかし動物というものは、そう簡単に見つかるものではない。太陽が出る前は、森には樟脳のような匂いが漂い、静謐な空気に包まれていたが、明るくなると一気に熱気を孕《はら》みはじめた。森のなかを、動物を探して歩くのに疲れ、倒木に腰かけた。しばらくすると、足や尻のあたりがむず痒い。慌てて立つと、ズボンの上だけではなく、そのなかまで蟻が入り込んでいた。ものの一分もしない間のことだった。

「ただものじゃない」

蟻を払い落としながら呟いていた。

帰国すると足首のあたりに、痒みを覚えた。見るといくつかの腫れがあった。蚊に刺されたときとは違い、突起の頂が赤くなっていた。日を追って痒さが増していった。強い痒みが走り、つい手で掻いてしまう。そのうちに、突起の周りに新しい突起が次々にできていった。両方の足首でそれぞれ数十カ所の赤い突起ができるまで広がってしまった。さすがに自分でも気持ちが悪い。

たまたまその頃、タイ人に同行して病院を訪ねることが多かった。担当医と話をしていると、熱帯の病気にも詳しいことがわかった。恐る恐るズボンをめくった。

「これはひどいね。なにかの毒虫にやられたんでしょう。皮膚科に連絡をとるから……」

完治するのに一ヵ月近くがかかったように思う。

指先や爪で掻くことで広がっていってしまう毒をもつ虫……。台湾で刺された痒みは、日本に戻っても消えなかった。しかしスラウェシ島で刺された虫と違い、突起の上部が赤くない。周囲に広がっていく速度も遅いような気がする。

自宅にあった痒み止めをまめに塗りながら、様子をみた。この本の原稿を書く時期と重なっていた。痒みをこらえ、ときにイライラしながら書き進めるしかなかった。

それから二週間……。痒みは収まった。刺された痕は残っているが、やがて消えていくような気がする。

痒さに悩んでいた頃、台湾周辺の地図を頭に思い描いた。台湾があり、その南にフィリピン諸島がある。その南にあるのがインドネシアのスラウェシ島なのだ。台湾という島を中国、そして日本というつながりのなかで見ることはできる。事実、この島に多いのは漢民族なのだ。しかし台湾には先住民というフィリピンやインドネシアの人々とよく似た顔だちの人々がいる。そしてこの島の自然は、南に続くフィリピンやインドネシアに通じている。嘉義の郊外で、僕の腕を刺した虫が、その事実を教えてくれているような気がするのだった。

漢民族のなかの軋轢

台湾はさまざまな民族問題を抱えた島だが、同じ漢民族のなかにも軋轢がある。中国の明の時代から清の時代にかけ、福建省や広東省から、多くの漢民族が台湾に移住した。彼らがその後、本省人《ベンセンレン》と呼ばれることになる。内省人という人もいる。戦後、中国大陸から移り住んだ漢民族を外省人《ワイセンレン》と区別するためである。省というのは、国民党と中国共産党が掲げる大義の表現である。台湾に逃げのびた国民党は、やがて大陸をとり返すという大義があるから、台湾は大陸を含めた中華民国の省でなければならなかった。中国共産党もまた、台湾は中国の一部と主張しているわけだから、やはり台湾は省だった。

人口から判断をくだせば、台湾は本省人の島だが、彼らも一枚岩ではない。客家人が含まれているのだ。彼らは台湾の人口の二割に達している。客家語専門のテレビ局まである。

客家はもともと、中国の中原につまり黄河流域に暮らしていた人々ともいわれる。北からの圧力を受けたためか南下をはじめ、福建省を中心としたエリアに落ち着いていった。

人口が多い漢民族エリア内の移住は大変なことだ。もともと住んでいた人々にすれば、流入する客家は自分たちの生活を脅かす存在である。福建省は、山がちの土地が広がっている。客家は農地も少ない山中に、居場所をみつけていった。

山あいで暮らす彼らは貧しかった。客家料理に、豚の内臓がよく使われるのはそのためである。肉の部分は売り、自分たちは内臓を食べる……そこから生まれた料理だった。内臓の臭みを消すためにしょうがもよく使った。

福建人たちは、客家人を見くだしていた。

そんな福建人や客家人が台湾海峡を渡った。

新しい土地である台湾では、中国大陸のヒエラルキーは消え、平等に開墾していったのかというと……そうはいかなかった。やはり福建人は海に沿った平地を獲得し、客家人は台湾の山中の土地で鍬《くわ》を入れていったのである。人間というものは、人を差別しないと生きていけない生き物かもしれない。

本文で台湾東部の花蓮《ホワリイエン》近郊に入植した日本人たちの話を紹介した。彼らが使用人として雇ったのは、福建人ではなく、客家人だったといわれている。客

(上左から時計まわりに)鄧小平、リー・クアンユー、タクシン、インラック。客家系の政治家たち(写真：朝日新聞社)

家は台湾でもそんな存在だったのだ。

選挙がはじまると、いつも客家の票が話題になる。台湾の選挙は、国民党と民進党が常に対立する。中国寄りの国民党に対して、民進党は距離を置こうとする。そのなかで、客家の人々は迷うのだ。客家は本省人だから、多くの本省人が与《くみ》する民進党を支持するのが筋である。しかし民進党を支えているのは福建人でもあるのだ。そこで福建人と客家人の間に横たわる怨念《おんねん》が頭をもたげてくる。

台湾の西海岸に新竹《シンジュウ》駅から内陸に向かって内湾線という支線が延びている。距離は二十八キロ。各駅停車だけが走る路線である。

この電車に揺られたことがある。竹東《ジュウドン》という駅で降り、そこからバスに乗り、北埔《ベイブウ》という客家の町を訪ねた。山あいの斜面に広がる静かな町だった。どこか、「ほっ」とするような空気が心地よかった。なぜだろうか……。そんなことを考えながら、レンガを積んだ古い客家の家を眺める。それは、自らが置かれた歴史を呑み込み、黙って畑を耕す彼らが発する包容力のような気もした。客家は貧しく、地味な人たちである。それだから、彼らの足どりは、妙にしっかりとしているようにも映るのだ。

貧しい土地しかなく、社会的にもめぐまれない彼らは、子供たちの教育に熱心だ。そのなかから、有名な政治家も生まれた。シンガポールのリー・クアンユーや中国の鄧小平が客家であることはよく知られている。タイのタクシン元首相やその妹のインラック現首相も客家の家系である。フィリピンのアキノ家にも客家の血が流れているという。日本人のなかには、李登輝が客家系という人もいるが、そう思っている台湾人は少ない。それが台湾という島でもある。

第七章　独立派の根城のビールが教えてくれる〝政治の時代〟

朽ち果てそうな木造家屋が店だった。どことなく雑然とした店内。大きめのテーブルが四つほど置かれている。壁を見た。主人と陳水扁《チェンシュエイビィエン》氏がにこやかに話している大きな写真が掲げてあった。

陳水扁――。いまの日本で、どれだけの人が、この名前に反応するだろうか。いまは懲役二十年の罪で服役している。重度のうつ病を患っているようで、自殺未遂の報道を目にしたこともある。

「二階は座れる?」

同行した知人が訊いた。従業員らしいおばさんが無愛想な顔で首を縦に振った。油でぬるっと滑る階段をあがると、テーブルは大方埋まっていた。二階を中心に営業しているらしい。壁には戦後に台湾で流行ったらしい映画のポスターが何枚も貼られ、レトロ感を醸し出していた。ビールは自分で勝手にもってくるスタイルだったが、アイスクリーム用の冷蔵庫のようなケースに水を張り、そこに沈めてあった。隣別の棚には高粱酒や紹興酒の壜が並んでいた。日本酒や沖縄の泡盛まであった。

1階の壁に陳水扁。こういう店はもう台北にはほとんどないだろうなぁ

『阿才的店』の2階。店は一応午前2時までだが、客が少ないと早めに閉まる

には古い茶だんすが置かれ、そこに皿やコップが積まれていた。料理以外はすべてセルフサービスのような店だった。

酒飲みたちの店だった。しかし台湾に多い海鮮料理屋とはなにかが違った。漂ってくるなにかがある。

海鮮料理屋は、誰でも入ることができる、そう、日本でいったら居酒屋だった。柄シャツを着たおじさんが、若い頃にナンパした女の話に口角泡を飛ばしてもおかしくなかった。しかしこの店には品のない笑いは入り込めないような気まじめさが漂っていた。料理も地味だった。煮込んだ台湾料理が多く、エビやカニをどーんと並べるような派手さはなかった。

「なんとなく長安東路《チャンアンドンルー》にあるような居酒屋と違うね」

「わかります？　だいたいここ、従業員はふたりしかいないんです。コックとあの、ちょっと怖そうなおばさん」

「でも、それにしたらメニューの品数が多い……」

「そう、凝ったメニュー名が多いんです。こういうの、独立派は好きなんですよ」

「独立派？」

「そう、この店は、独立派がよく集まったんです。一階にあったでしょ。陳水扁の

『阿才的店』の料理に派手さはない。しかし台湾の味と唸る品が少なくない

ビールは勝手に客が冷蔵庫から。独立派が集まった店とはいえ、システムは庶民店だ

レトロ風といったらいいだろうか。歴史だけは伝わってくる

写真も」

独立派――。台湾の独立を標榜するグループである。台湾には、国民党と民進党という二大勢力がある。国民党は中国寄りの政策をとり、民進党は中国との距離を置こうとする。そして民進党は以前、台湾独立を旗印にしていた。そのトップに陳水扁がいたのだ。

店の名は『阿才的店《アーツァイディディエン》』という。

水のなかからビールをとり出し、自分で栓を抜く。小さめのコップに注ぎ、一気に飲み干す。

「そうか……ここに独立派は集まってきていたのか」

日本敗戦後に、中国大陸から中国国民党が台湾に乗り込んでくる。日本軍の武装解除という名目だったが、内実は、大陸での中国共産党との内戦に追われる形での台湾上陸だった。台湾の人々は、それまで日本に組み入れられていたわけで、被植民地民族として戦争に負けたわけだが、中国国民党からは、「あなたたちは勝った」といわれる。台湾という島の戦後は、そのねじれからスタートした。

大陸からやってきた国民党は台湾の政権を握り、政治や行政の要職を独占していく。当時の台湾人たちは、「犬が去って、豚がきた」と揶揄《やゆ》した。日本軍が犬で、中国国民党が豚というわけだ。

中国国民党の政策に対し、本省人《ベンセンレン》、つまりもともと台湾に住んでいた台湾人が蜂起する。一九四七年の二・二八事件である。

その頃、台湾の経済は壊滅的な状況だった。国民党軍の略奪も多く、その不満が爆発した形だった。台北の淡水《ダンシュイ》河に近い商店街で、密輸煙草をめぐるトラブルが、全島規模の反国民党運動に火をつけてしまった。

これに対し、中国国民党は武力で対抗していく。蜂起に加わった本省人に対して無差別に機関銃を撃つといった手荒な手法だったという。同時に多くの台湾知識人が逮捕されていった。こうして二・二八事件は一応、鎮圧されていく。

中国大陸での内戦は、中国国民党にとってますます不利な形勢に傾いていく。国民党政権は台湾に移る方向を打ち出していく。一九四九年、蔣介石《ジャンジェシー》（しょうかいせき）が台湾に渡り、総統として台湾を支配していくことになるのだ。

当時の台湾は中国国民党の軍人に加え、中国共産党のスパイも数多く潜入していた。二・二八事件は収まったものの、本省人の国民党への反発は激しかった。蔣介石はこれに対して弾圧を加えていく。「中国共産党スパイと接触をもった」、「国民党政権に反発した」といった罪状で多くの本省人が逮捕されていった。白色テロといわれる時代である。その犠牲者は数万人ともいわれるが、本省人のなかには百万人を超えているという人もいる。その数はいまだはっきりしない。台湾の東海岸沖にある緑島《リュダオ》には、次々と逮捕された本省人が送り込まれていった。島にはそこで命を落とした人々の名前が記された碑が立っている。

中国国民党が台湾に逃れた後も、中国共産党との戦闘は続いていた。その舞台は台湾の西に、中国大陸まで最も近いところで二・一キロという金門島《ジンメンダオ》だった。台湾の国民党がこの島を実効支配し、中国共産党と対峙した。台湾と中国の関係が安定し、外国人も訪ねることができるようになった十年ほど前に、この島を訪ねたことがあった。まさに要塞島だった。草原のあちこちに、電柱のような柱が何本も立っていた。訊くと、パラシュートを使って島に侵入する中国共産党の兵士を防ぐためだった。パラシュートが柱に引っかかるのだという。海岸には島に近づく船を防ぐ杭が並び、陸地には地雷原があった。海沿いの断崖には、地下に延びる階段がつくられ、そこを降りていくと、地下港に出た。子供の頃にテレビで観た『サンダーバード』の世界を目にしているような気分だった。

台湾は海外からやってくる人を制限し、監視を強めるために一九五〇年、全島に戒厳令を敷く。この状態は一九八七年まで続くことになる。僕がはじめて台湾を訪ねたのは、たしか一九七六年だった。当然、戒厳令下だった。もち込むことができる雑誌も制限され、当時、朝日新聞社から発行されていた『朝日ジャーナル』は、即没収だと聞かされた。

蔣介石時代に確立した中国国民党の支配は、その息子の蔣経国《ジャンジングゥオ》に引き継がれることになる。

そのなかで一九七九年に起きたのが美麗島事件だった。国際人権デーに行われた反国民党系のデモをめぐり流血事件に発展する。このデモを指導していた人々が反乱罪に問われていく。その裁判で、被告らの弁護人になったのが陳水扁だった。台湾での民主化運動が、しだいにひとつのうねりとなっていくのだ。

『阿才的店』ができたのは、一九八七年である。その前年に民進党が結成されている。そしてこの年に長く台湾を覆っていた戒厳令が解除される。この店は、台湾の民主化運動の申し子のような存在だったのだろうか。この店に集まることが、ひとつの意思表示だった。酒を飲みながら交される会話は、熱を帯びていたはずだ。国民党の動きを見すえながら、台湾独立というシナリオが、『阿才的店』の木のテーブルの上を飛び交っていたのだろうか。

一九八八年、僕はタイのバンコクにいた。毎日、タイ語学校に通っていた。そのときのクラスに、台湾人の主婦がいた。台湾人のご主人がタイで工場をつくり、子供を連れて移住してきた人だった。僕の通っていた学校はキリスト教系の学校で、宣教活動をするためにタイ語を習う欧米人が多かった。クラスのなかのアジア人は、僕と彼女だけだった。

一月のある日、朝、教室に入ると、突然、彼女に抱きつかれた。うれしくてしかたがない様子だった。三十代の丸っこい、いかにも台湾人らしい顔だちの奥さんだった。

僕と彼女の間に共通言語はない。習っているタイ語と片言の英語である。

「ナーヨックラッタモントリーチェンジ」

ナーヨックラッタモントリーはタイ語で首相という意味だ。授業で習ったタイ語だった。

「首相が代わった？」

どういうことだろうか。

「台湾？」

彼女に訊いた。

「イエス」

満面の笑みが返ってきた。彼女は教室に入ってきたイタリア人の宣教師にも抱きつき、やがてドアを開けたタイ人の先生にも抱きついた。うれしくて、うれしくてしかたがない様子だった。イタリア人の宣教師やタイ人の先生もどう振る舞っていいのか困っていた。彼女が口にできるタイ語と英語の語彙《ごい》はあまりに少なかった。

「リー　ナーヨックラッタモントリー」

そういうと、彼女の目から大粒の涙がポタポタと落ちはじめた。先生も僕ら生徒も、どうしていいのかわからず、ただ彼女を見つめるしかなかった。

「リー？」

李登輝《リードンフェ》だった。ひょっとして、ついに彼が総統になった？

タイ語学校に通いはじめて、三ヵ月ほどが経っていた。当時は日本語の情報を得る手段は限られていた。いまのようにインターネットもない時代だった。毎朝、英字新聞は買うようにしていたが、その日の朝は忙しく、つい買いそびれてしまっていた。

タイ語学校は二限目と三限目の間に、二十分の休みがあった。僕は教室を出、路上の売店でバンコクポストという英字新聞を買った。

やはりそうだった。大きな扱いだった。蔣経国が死亡し、副総統の李登輝が総統に就任したのだった。

李登輝は国民党の政治家だった。彼の思想や行動は簡単には語れないが、警察のとり調べを受け、一週間拘束された過去もあった。警官から、「お前みたいな奴は蔣経国しか使わない」と罵られた逸話が残っている。後に蔣経国によって台北市長に任命され、政治家としてその地位を固めていくことになる。

しかしタイ語の学校に通う台湾人の主婦が、李登輝の国民党内での立場に詳しいわけではない。そんなことは問題ではなかった。彼女が体が震えるほど感動した理由はひとつだった。李登輝が、台湾生まれの本省人だったことだ。

彼女が台湾でどう暮らしてきたかは知らない。タイに移り住んだ事情も、表面的に知っているだけだ。しかし本省人が総統になったということは、感情を抑えきれないほどのできごとだったのだ。

中国との関係から、台湾を独立したエリアだと認めていない国が多い。報道の世界にしても、台湾に駐在員を置くことができる新聞社やテレビ局は少ない。勢い、発信される情報量が少なく、タイ人の先生やイタリア人宣教師が、台湾事情をどこまで知っていたのかはわからない。僕はたまたま、旅行者として何回か訪れていた

1996年３月23日、台湾総統選で当選を決め、笑顔で支持者にこたえる李登輝（中央）　写真：朝日新聞社

から、本省人と外省人の間に横たわる軋轢をある程度は理解できた。その状況は知れば知るほど複雑で、ひとことで片づけることなどとてもできなかった。

しかしその後の台湾を考えれば、蔣介石の息子・蔣経国という外省人《ワイセンレン》から、本省人の李登輝に総統の座が移ったことは、台湾にとっては革命に近いことだった。無血クーデターといった専門家もいた。

李登輝は李登輝だった。国民党内の保守派や実力派を巧みに牽制しながら、民主化路線を進めていく。地盤が強まっていくことを背景に一九九六年に初の総統直接選挙が行われた。この選挙で、李登輝は、台湾人が投票して選んだ初の総統になっていく。

この動きに中国は警戒の色を強める。台湾の独立が加速されていくことを危惧し、台湾海峡で軍事訓練を行うなど、台湾独立派に圧力をかけていくのだ。

しかし中国の行動は、本省人のナショナリズムを刺激するという一面ももっていた。そうした気運のなかで、李登輝は台湾独立を匂わす発言を強めていくことになる。

二〇〇〇年の総統選挙……。台湾人の意識や周辺国の反応、そして僕自身の感情を考えると、最も盛りあがった選挙だった気がする。李登輝は高齢を理由に出馬を辞退し、後継者として連戦《リエンジャン》を推薦した。しかし、国民党を離党した宋楚瑜《ソンチュユー》が立候補し、国民党が分裂することになった。野党の民進党は陳水扁が立った。国民党が敗北する可能性が出てきたのだ。

李登輝の在任中に台湾の民主化は大きく進んだ。国民党内の保守派の発言力は弱まっていった。詳しくはコラムで紹介するが、台湾省の問題も凍結された。国民党にしてみれば、やがて大陸を奪回するという大義があるわけだから、台湾は中国のひとつの省でなければならなかった。台湾の独立を止めたい中国にしても、台湾は省でなくてはいけなかったのだ。これが台湾省問題である。独立という方向を打ち出すなら、避けて通ることはできない問題だった。

台湾の人々は、一九九七年に中国に返還された香港が気になっていた。返還後、五十年は、ふたつの制度が存続することになっていた。社会主義と資本主義が一国のなかに共存する形態だった。しかし多くの香港人が、返還を前にカナダやヨーロッパに移住していった。一国二制度とはいえ、簡単な話ではなかった。子供たちが学校で習う教科書に記される歴史観、報道への規制……。一見、なにも変わらないような香港の社会に、中国の圧力が真綿で締めつけるように迫りはじめていた。

「やっぱりな……」

香港から流れ聞こえてくる話に、台湾人は耳をそばだてていた。

台湾独立を標榜する民進党への支持を、『阿才的店』に集まる人々は、確実なものとして受けとりはじめていたのかもしれない。

台湾に暮らす日本人の多くも、どちらかといえば、民進党に与していた気がする。民主化と台湾への親近感のようなものが、台湾独立の気運とシンクロしていた気がする。

台湾で働く日本人は中国語が堪能な人が多いから、ときどき中国本土に出向くことになる。そこで出会う中国は、ストレスの多い社会だった。切符を買うときも列をつくることができずに我先にと窓口に押し寄せる。店で買いものをするとお釣りを投げて返してくる。タクシーのサービスは悪く、ホテルのフロントにお湯の出が悪いと伝えても、対応に誠意がない。仕事の交渉も、共産党の幹部の顔色をうかがいながら進めなくてはならなかった。人と人との関係が、台湾とはかなり違っていたのだ。

北京や上海で中国語を身につけ、働き場所を台湾にみつけた日本人も少なからずいた。中国社会への違和感があったのかもしれない。

「嫌中」という言葉がある。中国を嫌うという意味だ。数年前から日本でよく使われるようになった。出版社でもよく耳にする。

「やはり嫌中本じゃないと、なかなか売れないねェ」

日本人のなかには、中国の悪口を読んで溜飲を下げる人が少なからずいる。それだけ中国の存在感が強いということでもあるのだが。しかし台湾に暮らす日本人は、二十年以上前からその意識を抱え込んでいた人が多かった。

そんな気運のなかで、陳水扁が民進党の候補に立つ総選挙が行われようとしていた。選挙の前夜に台湾に行きたかった。しかし、どうしても日本を離れられない仕事があった。台北に住む知人に連絡をとった。

2000年３月18日、台湾総統選挙の開票速報で陳水扁候補がトップとなり、盛りあがる支持者たち（台北市内）
写真：朝日新聞社

「陳水扁、いけそうなんです。投票日の夜、民進党支持者が集まる会場へ行きますから、開票結果を電話で報告しますよ。最新のものを」

彼は日本人だから選挙権もないのだが、自分の国の選挙のように興奮していた。『阿才的店』は、どんな空気に包まれていたのだろうか。もう、商売どころではなかったのかもしれない。

開票結果が報じられる夜、彼から一時間おきほどのペースで電話がかかってきた。陳水扁の票は確実に伸びていた。優勢だった。開票速報が次々に発表されているようで、その歓声が電話で伝わってくる。しかし夜の八時をすぎても当確は出なかった。接戦であることはわかっていた。

あれは夜の十時頃だったろうか。たまたまつけていたテレビで、臨時ニュースが流れた。日本テレビだった。陳水扁が当確という報道だった。台湾に電話をかけた。

「おめでとう。陳水扁、勝ったね」

「嘘でしょ」

「こっちのテレビで当確が流れたけど」

「こっちはまだ出ていないんだけど」

その言葉を残して、電話は切れてしまった。

それから一分後に電話がかかってきた。

「本当に当確が出たんですか」

「日本テレビだけど」

「周りの台湾人が本当なのかって……もうすごい騒ぎになっちゃって」

会話はできなくなってしまった。会場の歓声に、電話の声が聞こえなくなってしまったのだ。

後でわかったことだが、台湾で当確が出たのは、日本テレビのニュースから三十分ほど後だった。日本テレビが独自に当確を出したわけではなかった。どこかの海外メディアが、台湾より早く当確を出したようだった。

李登輝が総統に就任したとき、外省人の総統の時代は終わった。そして二〇〇〇年、戦後から続いた国民党は野党になった。この間、台湾は政治の時代のただなかにいた。

陳水扁の勝利から十三年がたった。陳水扁は二期、八年の間、総統を務めたが、後味の悪い終わりを迎えた。台湾らしいといえばそれまでだが、周囲から次々にスキャンダルが発覚する。娘婿の不正取引にはじまり、妻の機密費流用の追及を受ける。民進党内部にも不協和音が響きはじめた。もともと、国民党政権を倒す目的のために、独立派と民主化派が大同団結してできあがった政党だった。国民党を総統選で破るところまでは一枚岩でのパワーを発揮していたが、いざ政権与党になると、抱えもっていた矛盾が噴出してしまった。そして二〇〇八年の総統戦で、国民党が擁立する馬英九《マーインジョウ》に負け、政権を譲ることになる。

昨年（二〇一二年）の一月、台北の板橋駅に近い競技場のスタンドにいた。翌日の総統戦の投票日を控え、民進党の支持者が競技場に集まっていた。国民党の馬英九は二期目を迎えようとしていた。それに対して民進党は、蔡英文《ツァイインウェン》という女性候補を立てた。中央の特設ステージには、『台灣第一女總統《タイワンディイーニュゾントン》』という文字が躍る。民進党はすでに、台湾独立という旗印を降ろしていた。陳水扁周辺のスキャンダルは、民進党にとって大きな痛手だったが、それ以上に、台湾と中国の経済的な結びつきのなかで、独立という政治理念が、台湾人の心に響かなくなってきたのだろう。

上海にはいま、百万人を超える台湾人が住んでいるといわれる。工場や支店を上海やその近郊にもつ台湾人は多い。経済的には一歩先を進んだ台湾の人々は、そのノウハウを使って中国で生き延びようとしていた。僕がかかわる出版の業界もそうだった。出版に携わっていた台湾人の編集者やデザイナーが次々と台湾海峡を渡っていった。台湾の出版社が中国で会社をつくるケースもあったが、中国の出版社から高い給料で声がかかった人たちもいた。台湾での雑誌や本づくりの技術が、いまの中国では高く評価されていた。

彼らが台湾人としてのアイデンティティーを失ったわけではなかった。台北に一時帰国した彼らの口から出るのは中国や中国人の悪口ばかりだった。しかし、台湾では手にすることができない高い給料の前では、どうすることもできなかった。台湾人らしい選択だった。

二〇〇八年、国民党が政権を握ると、中国人の台湾への渡航が解禁された。その数は一気に増え、二〇一〇年には、日本人の百八万人をはるかに超える百六十三万

集会の終盤、この壇上に李登輝もあがった。僅差の総統選といわれていたが……

人に達してしまった。次々にやってくる中国人観光客を目の前にして、これまで日本人観光客で生きてきたホテルのオーナーは、中国人観光客を受け入れるかどうかで心を痛めることになる。

「中国人団体客を入れたら、日本人客はいやな顔をするだろうなぁ」

台湾人は日本人のことがよくわかっていた。しかし、オーナーの肩にはホテルの経営がのしかかっている。これまで世話になった日本人観光客を大切に守るのが筋というものかもしれない。それとも収益を上げていく道を選ぶべきか。

いまの台湾人は、しばしば中国人観光客のマナーの悪さを口にする。しかし、そこから続く会話の歯切れが悪い。多くが中国人観光客で潤っているからだ。

二〇一二年一月の選挙の話に戻る。民進党は原発問題を争点のひとつにしようとした。日本の震災と福島第一原発事故を受けてのことだ。しかしかつて、台湾独立を声高に語った勢いはすでにない。

ステージには民進党の重鎮が次々にあがる。強固な独立派として知られる人もいる。そのたびに、支持者たちはボンベつきのラッパを鳴らし、ペンライトを振る。最も盛りあがったのは、李登輝がステージにあがり、それを追うように総統候補の蔡英文が現われたときだった。

李登輝は、台湾よりも日本での人気のほうが高いのでは……ともいわれる。台湾人のなかには、「パワーバランスと空気を読むのがうまい政治家」と、皮肉を込めた評価をくだす人もいる。しかしその才能がなかったら、蔣経国の支持を得、本省人の手に台湾の政治を移行させていくこともできなかった。

この集会の前、李登輝は壇上にあがらないのではないか……という噂も流れた。もし、彼が姿を見せなかったら、民進党の敗北は決まったようなもの、という人もいた。しかし彼は九十歳近いというのに元気な姿を見せ、明確に民進党支持を表明した。

こうして外から眺めると、『阿才的店』はアジトの雰囲気すらある

黒いスーツ姿の蔡英文は、その地味さが気になった。陳水扁の事件が尾を引いた逆風のなかでの総統選だった。

翌日に投票が行われたが、民進党は総統の座を奪い返すことはできなかった。最終的には百万票もの差がついた。この敗北は、また別の意味をもっているような気がしてならなかった。台湾人たちは豊かになり、政治的な関心が薄れてきていることだった。政治へのうねりというものの背後には、常に貧困が横たわっているものだ。そんな時代は、台湾ではもう終わったような気がした。いや、陳水扁が総統に選ばれたとき、その糸は切れてしまっていたのかもしれない。『阿才的店』の二階は、三、四組の客が静かに酒を飲んでいる。若い人たちのグループもいる。いちばん隅の席で、おばさんがぼんやりと座っている。

トイレに入ると、その壁は、ぎっしりと落書きで埋まっていた。じっくりと読めば、過激な言葉もみつかるのかもしれない。しかしいまとなっては、遠い昔のできごとのように思う。

もし、僕がもっと若かったら、トイレに籠もって、なにか奮い立たせるような言葉はないかと探したのかもしれない。台湾に流れた年月につきあってきた。気がつくと僕も五十八歳になっていた。

台湾省

台北の街でバイクや車のナンバーを見る。ときどき、台湾省という文字が見える。

「台湾省?」

素朴な疑問かもしれないが、その背後には、頭が痛くなるようなややこしい問題が横たわっている。

中国共産党との内戦に敗れ、台湾にやってきた中国国民党には、戦力を調え、やがて大陸を奪回するという、「大陸反攻」の旗印があった。その論理に従えば、台湾は独立した国ではなく、中華民国のひとつの省だった。台北は臨時の首都にすぎなかった。

大陸を掌握した中国共産党は台湾の独立を認めなかった。台湾は自国の領土だという論理である。台湾は中華人民共和国の省のひとつだと主張した。

つまり台湾は、中国国民党であれ中国共産党であれ、中国大陸の一部、つまり国ではなく省だと主張する論理のなかに置かれることになる。

台湾が省である以上、省庁があり、省の主席が必要になってくる。一九四七年、その法律が決められ、省庁をつくることになった。場所は台湾のほぼ中央、南投市《ナントウシー》に決められた。台北が攻撃されたとき、そこに首都機能を移転させる目的もあったといわれている。

南投市につくられたのは、中興新村《ジョンシンツエン》という人工都市だった。一九五七年、そこに台湾省庁が建てられた。その後、台湾は台北と中興新村で二重の行政が行われたわけだ。

なんだかややこしい話だが、そこにはさらに面倒な話があった。台湾が実際に統治しているエリアには金門島《ジンメンダオ》と馬祖島《マーズーダオ》が含まれていたが、省という考え方をあてはめると、このふたつの島は福建省に属していた。台北を臨時の首都にする台湾と台湾省は、わずかだが面積や人口が違っていたのだ。

この台湾省問題は、台湾独立派にとっては足かせだった。そこで、独立の気運が高まっていた李登輝総統時代、憲法の改正に踏み切る。一九九七年、台湾省問題を凍結することになった。その時点で、事実上、台湾省政府はその機能を失うことになるのだが、廃止ではなく、凍結としたことが、あまりに台湾的だった。「大陸反攻」という旗印を降ろすことができない勢力とのバランスの

台湾省というグレーゾーン。いまでも、そのなかに台湾の人たちはいる

なかでの落としどころが凍結だった。

台北駅の南側に國光客運《グウォグゥアンクゥーユウィン》のバスターミナルがある。A駅は桃《タオ》園《ユエン》空港などの近郊行きで、B駅がそれ以遠の目的地とターミナルが分かれている。ある日、駅の北側に行こうとB駅を抜けようとすると、ひとつの目的地が目にとまった。

「中興新村？」

そこに向かうバスが運行されていたのだ。時刻表を見ると、二時間に一本ぐらいの割合である。かつての二重行政時代は、もっと頻繁にバスが走っていたのかもしれなかったが。

南下するバスは、台中で高速道路を離れ、二車線の道を山側に向かって進んだ。途中、いくつかの街があったが、どれも規模は小さく、台湾の田舎を訪ねているような気分だった。中興新村は、そんな風景に溶け込むようにつくられていた。その機能が凍結されてから、十六年ほどがたっていた。人がいなくなった家が、ガジュマルに覆われるように、田舎の風景になじんでいったのかもしれなかった。

バス停で降りると、道をまたぐ門が見えた。中興新村と書かれていた。そこが入口らしい。進むとロータリーがあり、その先に旗が揺れるビルが見えた。

これが台湾省庁だった。

その規模は、どう見ても地方都市の役所だった。三階までしかないのだ。車寄せに沿って入口まで行ってみた。警備員がひとり立っていた。

本当にここで、台湾省の仕事をこなしていたんだろうか。

建物の前で悩んでしまった。この建物でどこまでの業務を担当していたのかは知らない。しかし台湾省とは台湾のほぼ全島が対象である。まじめにやるつもりなら、この建物が十棟ぐらいはないとこなせないはずだった。

人工の街、中興新村のゲート。不思議な街への入口でもある

台湾省庁の建物は貧相だ。現代の政治遺産だという人もいる

建物はほとんど使われていないようだった。二階と三階には蛍光灯の明かりが見える部屋もあった。しかし多くの窓はカーテンが閉まっていた。大陸をとり返す──。その旗印を捨てられない論理がわからないではない。はじめて台湾を訪ねた三十七年前、台北の若者と話したことがある。

「本当に大陸を奪回できると、台湾人は考えているの？」

「すぐは無理です。五十年後、いや六十年後……」

彼は対外的にそういわなくてはいけなかったのだろうか。いや、本気でそう思っている雰囲気もあった。

タイの北部、ビルマ（ミャンマー）との国境に沿って、中国国民党の残党が暮らす村が点在している。国民党の兵士の多くは台湾に逃れたが、南へ向かった部隊もあった。雲南省《ユンナンション》を中心とした国民党の兵士だったという。彼らは国境の近くの粗末な家に住みながら、「大陸に向けて出撃！」という台湾から届くはずの号令を待ち続けていた。しかし十年がたち、二十年がたっても、その声は届かなかった。

台湾に向かった国民党の兵士たちも、状況は同じだった。上官からの命令がくだれば、再び、台湾海峡を渡る覚悟はあっただろう。

国民党政権は徴兵制を敷き、本省人の若者を兵士として再教育していった。その政策を行うためには、大義が必要だった。そして台湾省であると主張し続けなくてはならなかった。

しかしもし、本気で台湾省という形態を維持するなら、こんな小さな建物では足りないはずだ。

わかっていたのではないか。

台湾海峡を渡ったとき、すでにその道筋が敷かれていたのではないか。

小さな台湾省庁を眺めながら、そう思わずにいられなかった。しかし大義を凍結するまでに四十年近い年月がかかっていた。そしてこの問題は解決したわけではない。凍結しただけのことだった。そしていまでも、台湾省長というポストはある。台湾省主席は、林政則《リンジョンゾー》という政治家で二十二人目の主席だという。元新竹市《シンジュウシー》の市長だというが、日本人でこの人の名前を知っている人はごく僅《わず》かだろう。

考えようによっては、これは大きな茶番でもある。

台湾省庁の周りにはヤシの木が植えられ、広い運動公園がつくられていた。中興新村という人工都市は、この奥にも広がっていた。職員向けの住宅も多かったというが、一九九九年の地震で多くの建物が被害を受けたという。台湾省庁関連の建物は、歴史的建造物として保存する話もあったという。そのあたりを見てみたかったが、公共の足はほとんどなかった。ときおり、思い出したように車が通りすぎていくだけだった。

第八章

北回帰線から鹿港へ。清の時代の街並みのなかで悩む

週末旅を考えたとき、台湾での選択肢は多い。台北市内と九份《ジョウフェン》を訪ねるコースを選ぶ人が多いと聞く。ゆっくり温泉という人もいるだろうか。北投《ベイトウ》温泉などは、台北に泊まり、夕方になって、「ちょっと温泉に行きましょうか」という距離である。台北一度、台北の北側にある陽明山《ヤンミンシャン》のなかにある馬槽《マーツァオ》温泉を訪ねたことがあった。台北からバスに一時間ほど乗り、山中につくられた道を歩くと、突然、温泉が現われた。裸秘湯の趣すらあった。温泉にはうるさい日本人も納得しそうなイオウ泉だった。裸になって入る露天風呂で、天気がよければ太平洋を見おろすことができた。

鉄道網やバスが発達しているから、台湾の海岸に沿って一周することもできる。東南アジアのように、列車が三、四時間遅れることは珍しくないといった世界ではない。ほぼ時刻表通りに運行しているから、予定を立てやすい。

ちょうど手頃なサイズ……。台湾という島での週末旅を考えたとき、そんな言葉が浮かんでくる。中国のように大きいと、頑張ってもこれしかまわれないのか、という落胆がある。香港やマカオのサイズになると、移動感を味わうことができない。

しかし台湾では達成感のある旅をつくることができる。

観光地には興味がない旅行者だが、年に二、三回訪ね、簡単に移動することができるから、けっこういろんな所に足を延ばしている。九份も一回行ったことがある。平渓《ピンシーシィエン》線というローカル線にも乗った。内湾《ネイワンシィエン》線に乗って客家の村を訪ねたこともある。列車で台湾を二周している。

さて、今回はどこへ行こうか。

阿部カメラマンと、台湾の地図を広げて道や線路を辿っていく。

久しぶりに台南に足を延ばそうか。新興路《シンシンルー》に出る朝食屋台にもそそられる。かつて列車で片道四、五時間はかかった記憶があるが、いまは高鐵《ガオティエ》と呼ばれる新幹線が走り、日帰りも可能になった。年をとってきたせいか、歴史を潜めた街をのんびり歩くことがしっくりくるようになってきた。

台湾には、「一府二鹿三艋舺《イーフーアールーサンモンジァ》」という言葉がある。大陸から漢民族が移住し、できあがっていった街の順番である。府は台南を指し、鹿は鹿港《ルーガン》、艋舺《モンジァ》は台北のあたりをいうらしい。台南は最も古い街というわけだ。台湾という島はアメリカと同じような歴史を歩んできた。もともとは先住民が暮らす島だったのだが、そこに漢民族が移住して発展してきた。アメリカもそうなのだが、先住民の暮らしについての資料は乏しい。彼らも街をつくっていたのだが、いったいそれがどこにあったのかがわからない。

台南に傾きかけたが、行ってみたい場所を選んで日程を組んでいくと、急ぎ足の旅になってしまいそうだった。台中の鹿港あたりのほうがゆっくりできるかもしれない。鹿港は二回ほど訪ねていた。街の規模も手頃で、古い街並みを眺めながら歩くことができる。

台中か……。

ぼんやりと考えていると、北回帰線という言葉が浮かんできた。この本は、『週末バンコクでちょっと脱力』に続く一冊である。

その本の冒頭の章で、北回帰線について触れた。日本を発った飛行機は三時間ほどで北回帰線を通過する。

――北回帰線を越えた南の国々には、日本社会で後ろ指をさされないようにと振舞ってきた人格のいくつかを捨てることができるほど、ゆるい空気が流れているのだ。

そんな文章を記している。この北回帰線が台湾を横切っていた。嘉義《ジャーイー》の南あたりである。上空で北回帰線を通過するとき、心密かにお祝いをしたのだから、やはり地上の北回帰線にも出向いてみるべきかもしれない。

しかし北回帰線は、地球の傾きから導き出された線だから、地上に白線が引かれているわけではない。近くまで行くことはできるかもしれないが、ここがその位置という標識がなければ、通りすぎてしまうのだ。地上にはなにげない台湾の街が広がっているだけなのかもしれないし、単なる田園地帯という可能性もあった。

ネットで検索してみた。すると、道に沿ってモニュメントがあり、そこには『北回帰線太陽館』という施設があるらしい。ここをめざせばいいわけだ。北回帰線の標識は日本の統治時代からあったようで、そこに太陽をテーマにした展示館がつくられていた。さらに調べていくと、北回帰線駅という駅がみつかった。一九三七年に信号所としてつくられた駅だった。その後に貨物駅になり、やがて人も乗り降りする駅になったが、工場からの輸送がトラックに移っていくなかで、二〇〇二年に廃駅になっていた。しかし駅舎は残ってるらしい。北回帰線という駅名も見えるという。

列車で嘉義駅に向かった。

台湾の主だった駅にはツーリスト・インフォメーションがある。日本語が通じる場合もあるが、基本的に英語の世界になる。嘉義駅のカウンターには若い女性が座っていた。北回帰線という英語を知らなかったので、漢字で書いてみる。

「その駅はもうありませんよ」

「ええ。ただその駅を見たくて……」

地図やネットで検索してくれたが、はっきりとした場所がわからない。

「『北回帰線太陽館』の近くなんですけど」

こういうときはタクシーで向かうのがいちばんいい気がした。時間にして十五分ほどだという。運賃もそう高くないだろう。

アジアのさまざまな街を訪ねてきたが、台湾のタクシーは最高のランクだと思う。中国は基本的にタクシーが足りない。そのせいか、運転手の態度は居丈高だ。どこか、「乗せてやる」といった空気が漂っている。中国語がネイティブに近い日本人の知人は、怒りたくなるようなドライバーも少なくないと嘆いていた。そんな車に乗ったときは、半ドアにして降りるのだという。

東南アジアの運転手はだいたいセコい。こすっからいといった表現がピタリとくる。運賃が交渉制というところが多いことも、その印象に拍車をかける。バンコクのようにメーター制になっても、そのこすっからさは変わらない。

バングラデシュから西になると、セコさに居直りが加わってくる。乗る前に運賃を決めたというのに、降り際にバクシーシを要求してくる。子供が五人もいる……などと哀れを誘う表情をつくるのだが、ペロリと舌を出している顔も隠すことができない。正直な奴らといえば、正直なのだが。

台湾でタクシーに乗って、いやな思いをしたことがほとんどない。運賃はメーター通りである。細かい釣り銭もきちんと返し、チップを要求されたこともない。訪ねる場所がみつからないと、無線で聞いたり、歩く人に尋ねたり、と親身になってくれる。桃園空港に行くときは、こちらの足許を見るようなこともあるが、一度、運賃が決まれば、それで終わりである。

嘉義駅前からタクシーに乗った。年配の運転手だった。「北回帰線站」と僕が書いたメモをチラッと見ると、「わかった」というそぶりでアクセルを踏んだ。站《ジャン》とは駅という意味である。

前方に広い道路をまたぐ大きなアーチが見えてきた。

「あれが北回帰線？」

阿部カメラマンに語りかけると、その会話がわかったかのように、運転手が首を縦に振った。アーチは道に対して直角ではなく、いくぶん斜めにつくられていた。

この角度で北回帰線は走っているということなのだろうか。

車はその脇に停まった。左手に塔のようなものが見える。ここは北回帰線太陽館ではないだろうか。おじさん運転手に、メモの「站」の部分を指さしながら示してみた。運転手は、「ここだ」といったそぶりで塔の方を指さした。

「あの向こうに廃駅があるんだろうか」

「站って、こういう施設も示す漢字なんだろうか」

「站は駅だけと思うけどな」

ここで降りるしかなかった。

あまりに苦しい観光地だった。この真上を北回帰線が横切っているからといって、それは目に見えるものでもない。何百年もの年月のなかを生き延びた遺跡とか、荘厳な寺院などといった視覚に訴えるものがなにもないのだ。上空を見あげ、

「ほーッ、これが北回帰線ですか」

というわけにはいかないのだ。しかし『北回帰線太陽館』という観光施設をつくる以上、なにかをこじつけなくてはならなかった。よく見ると、塔は宇宙ロケットのような形をしていた。近づくと、そこには太陽をテーマにした展示があるようだった。ときどき天文教室も開かれるらしい。人間が考えられるアイデアはこんなも

国道をまたぐ北回帰線のアーチ。この角度で北回帰線は走っている

北回帰線太陽館。ロケットを模したというが、眺めても感動ひとつ覚えない

のだろう。その犠牲になるのが、地元の小学生や中学生という図式である。

塔の手前には、ツアーバスが三台停まっていた。中国大陸からの観光客を乗せたバスだった。台南観光の帰りなのかもしれなかった。パッケージツアーというものは、とにかくいろんな場所をまわるスケジュールを組まないと売れない傾向がある。これでもか……とばかりに訪問地をぎしぎし詰め込むのだ。ここは時間が余ってしまうのでボーッとしましょう——ということは許されない。国道の途中にある『北回帰線太陽館』は、そんな穴埋め観光地として重宝されているようだった。大陸からきた中国人にしても、なぜ台湾で北回帰線のモニュメントを見なくてはいけないのか、疑問を抱くだろう。なにしろ、自分の国にも北回帰線が走っているのだ。しかしツアーに組み込まれている以上、拒むのも難しい。見るとトイレに長い列ができていた。トイレ休憩ぐらいに考えているのかもしれない。彼らもまた、『北回帰線太陽館』の犠牲者なのかもしれなかった。

地元の人たちは、この施設に期待していた節もあった。家の入口に掲げてある住所表示は「北回」と書かれていた。この辺はそういう地名なのだ。近くにあったバス停も北回帰線といい、道の向かいには、『北回大理石工業』、『北回花卉』という看板まであった。このまわりは北回帰線だらけだった。北回帰線で盛りあげようとしたのかもしれないが、無理があったような気がしないではない。

　僕らの目的はこの施設ではなかった。僕はトイレの脇を進み、塀のすき間に顔を近づけてみた。深い草むらがあり、その向こうに線路が見える。少し眺めていると、そこを列車が通りすぎた。台南に向かう列車だろうか。北回帰線という駅は、幹線から支線が分岐するあたりにあるらしい。この線路を辿っていけば出合えそうだった。しかし南へ進んだらいいのか、北の方角に向かえばいいのかもわからない。どこから線路に近づくことができるのかもわからなかった。

『北回帰線太陽館』を横切り、南に向かうと畑になった。コスモスも咲いている畝の上を進んでみたが、線路との間は木が生い茂る林になり、行く手を阻まれてしまった。

　さて、どうやって駅を探したらいいものか。とにかくどこかに踏み切りがあるはずだった。そこから線路に入れば、駅がみつかるかもしれない。

　台湾ではこれまで何回か、鉄道駅を訪ねていた。内湾線《ネイワンシィエン》という支線の内湾駅、廃駅になってしまった勝興《シェンシン》駅、平渓線《ピンシーシィエン》の青桐《チントン》駅……。どこも人々は、平気で線路に下りたり、その上を歩いたりしていた。青桐駅などは、線路の向こう側に、かつて石炭を採掘した炭鉱跡があった。ちょっとした観光地になっていたのだが、そこに行くには、線路を横切らなくてはいけなかった。一応、線路には立ち入ってはいけないという表示はあるのだが、観光客は、その看板を無視し、堂々と横切っていた。それを目にする駅員にも、注意する気配はなかった。

台湾では線路を歩いてもいいようだった。いや、歩いても、なにもいわれない気配があった。とにかくどこかで、踏み切りをみつけることだった。

『北回帰線太陽館』の北側に、一軒の家具店があった。大きな看板が目に入ったのだ。

「あそこで教えてくれるかもしれない」

『北回帰線太陽館』の敷地は無駄に広く、横切るのに五分はかかる。しかし辿り着いた店は閉まっていた。だが、脇に道があり、線路の方向に延びている。ここを進めば踏み切りに出るだろうか。

三百メートルほど進むと、果たして警報器が見えてきた。横に目をやると、一軒の鉄工所があった。入口でおじさんが煙草を喫っている。

訊いてみることにした。といっても、中国語を話すことができないから筆談になる。

「北回帰線站」と書かれたメモを差し出した。おじさんは、その文字を一瞥すると、

『北回帰線太陽館』の方向を指さした。

「違うんです。太陽館じゃなくてここ」

といったそぶりで「站」のところをボールペンで指し示した。

「站?」

表情が曇る。すると工場の奥に声をかけた。もうひとりのおじさんが姿を見せた。びんろうを嚙みながら仕事をしていたようで、口のなかがまっ赤だった。びんろうおじさんがメモをのぞき込む。知ってるよ……そんな表情を見せた。そして脇に置いてあった車に乗れ、というしぐさをした。廃車かと思っていた。ボロボロである。どうも動くらしい。なかもボロボロだった。シートのスプリングも飛び出し、尻を置く場所がみつからない。

落ち着かない体勢で座ったまま、車はよろよろと動きだした。大通りに出た。見られるのが恥ずかしいような車だが、びんろうおじさんの厚意である。

車は『北回帰線太陽館』の前を通り過ぎ、車一台がやっと通ることができるような路地に入っていく。やがて行き止まりになった。

「この先だ」

びんろうおじさんは、そんな表情で前方を指さした。

家庭菜園のような畑を突っ切り、灌木の下をくぐって抜けると線路に出た。際の草むらのなかをかき分けるように進むと左手にコンクリートづくりの小屋が見えた。ドアや窓はなくなり、床には焼けこげのあるマットや片方だけの靴などが散乱している。ホームレスが寝泊まりしていたのかもしれなかった。これが廃駅になった駅舎なのだろうか。そうだとすると、なんだか切ない風景である。

もう少し先に進んでみた。

あった。

壁にしっかりと、立派な文字が残されていた。『北回帰線』。こちらが駅舎跡だった。扉や窓はきちんと閉められ、管理されている気配があった。背後の林の向こうには『北回帰線太陽館』の塔が見える。本当にこの駅は、北回帰線の直下につくられていたのだ。

阿部カメラマンは、線路を横切り、反対側から、通過する列車と廃駅を一枚の写真に残そうとした。僕は線路脇に立ち、やってくる列車に注意を払う。遠くに列車の先頭が見えたら、それを伝え、阿部氏がカメラを構える段どりだった。

三十分近く、草むらのなかに立っていただろうか。その夜から、僕らは腕の痒みに悩むことになる。草むらには、腫れが次々に広がる毒をもった虫が潜んでいたよ

僕らを案内してくれた、びんろうおじさん。カメラを向けると……

うだった。その顚末《てんまつ》は第六章で触れている。

僕は月に一回の割合で、東京とバンコクを往復している。そのときに乗る飛行機は、この嘉義の上空あたりで、北回帰線を通過することが多い。狭い機内で飛行機の位置を示すモニターを眺めながらひとりお祝いをしている。ここから先は、ゆるい空気が流れるエリアだ……と。そんな場所を確認したくて、地上の北回帰線までやってきたのだが、そこにはどう考えても苦しい『北回帰線太陽館』という施設と、廃駅があるだけだった。そして、その草むらで、僕らは毒虫にやられていた。人が住む地上というものは、こんなものなのかもしれなかった。

嘉義から列車で彰化《ジャンファ》に出た。そこで一泊し、翌朝にバスで鹿港に向かった。二十分ほどで、鹿港の古い街並みのなかに入り込んでいた。

中国大陸から漢民族が台湾に渡りはじめたのは、明代の終わりの頃からである。清の時代に入り、その数は急増していく。

彼らはまず台南に拠点をつくり、次いで鹿港に街をつくっていく。鹿港は天然の良港で、移住民を乗せた船が着くのに都合がよかった。鹿港は、台湾第二の都市として栄えることになる。当時の人口は十万人ほどだったらしい。

木に覆われたコンクリートの建物が北回帰線駅。小さな廃駅だ

漢民族はしだいに北上し、最後には台北という都市をつくる。台南から台北まで辿り着くのに二世紀ほどがかかっている。戦争ではなく、開拓という形での領土の拡大は、ゆっくりしたペースで進むものらしい。

台北は台湾を代表する巨大な都市に成長し、台南も駅前にはビルが建ち並ぶ都市になった。しかし鹿港は、そんな台湾の流れからとり残されてしまった。このエリアの中心が、彰化や台中に移ってしまったからかもしれない。街なかに背の高いビルはなく、当時の建物も街に溶け込むように残っていた。

漢民族の移民が本格化した頃、鹿港周辺には、平埔族《ピンプーズー》という先住民族が暮らしていた。

台湾の先住民族というと、山岳地帯に住むアミ族やタイヤル族などが知られているが、平地に住んでいた先住民族も多かった。しかしいま、台湾が認定する十四の先住民族のなかにこの平埔族の名前はない。

清は台湾への移住を制限するために、女性の渡航を禁じていた。開拓民のほとんどは男だったのだ。台南、鹿港といった街のスタートは、男たちだけだったのである。しかしこの土地には、平埔族という先住民族が暮らしていた。次々に漢民族の男性と、平埔族の女性のカップルが生まれていく。混血が進んでいく。移住した漢民族は世代を重ね、やがて平埔族は姿を消してしまうことになる。平埔族と漢民族が同化していったわけだ。逆から見れば、多くの本省人のなかには平埔族の血が流れていることにもなる。

実は平埔族という呼び方も、特定の民族を指してはいない。台湾西部の平地に暮らしていた先住民族の総称である。クーロン、バセッヘなどという民族名が文献にはあるが、なじみの薄いものばかりだ。

台湾の先住民族は、マレー・ポリネシア語系の言葉を話す人々である。インドネシアやフィリピンに住む人々に近いのだ。以前は、南から北上してきた人が台湾に住みつくようになったといわれていたが、どうもその流れは逆らしい。ルーツは台湾で、そこから南に移っていったようなのだ。

どちらにしても、本省人の体のなかには、北回帰線から赤道あたりのエリアに住む人々の血が流れている。ゆるい空気を共有していることになる。本省人のなかで、最も多いのは福建系の人々だが、大陸にいる福建系の人々とは違うのだ。

かつて訪ねたアモイの街で出会った人々を思い出してみる。アモイは福建省の中心都市である。社会体制の違いがあることはたしかだ。生活のレベルも違う。そういったものを削ぎ落としていって見えてくるもの……。

なんなのだろうか。大陸の福建人と台湾の福建人の違いは……。

鹿港古跡保存区を歩いてみた。ここには一七〇〇年代に建てられた家が数百棟、ぎっしりと並んでいる。埔頭街《プートウジィエ》、泉州街《チュエンジョウジィエ》などと狭い道には名前がつけられているが、それは迷路のようで、どこを歩いているのかわからなくなる。メインの通りには、古い家をそのまま使った土産物屋が並んでいたが、まだ朝が早いのか、半分以上の扉が閉まっていた。そこから九曲巷《ジョウチューシャン》に向かう。レンガづくりの家の間を、細い道がくねくねと続くエリアだ。九月の強い風を防ぐために、こんな構造にしたのだという。

これまで鹿港の街は二回、訪ねている。いくつかのエリアをまわったが、この九曲巷や保存区のなかの隘門《アイメン》あたりが気に入っている。狭い路地を歩いていると、鹿港の街をつくった人々の心が伝わってくる気がするのだ。

摸乳巷《ムオールーシャン》にも行ってみた。幅にして七十センチほどの狭い路地だ。摸とは中国語で触るという意味になる。乳に触る？　路地名の由来をめぐって、男たちの頭のなかではあらぬ想像が広がってしまう。こういう連想には良識派が反発するものらしく、「触られないように女性が胸を押さえて通った」とか、「胸が触れてしまう狭さだが、そこで触らないのが紳士」などと、さまざまな由来説が飛び交う路地である。しかし、この話題は、台湾人のカップルの興味も刺激してしまうようで、ここをふたりで歩くというデート路地にもなっていた。そのためか、入口の壁にはぎっしりと名前が落書きされていた。そのなかには、木村拓哉などという文字もある。木村拓哉は台湾でも人気が高い。カップルでこの路地を訪れ、男が嬉々として、木村拓哉と書いたら、「この人とつきあうのやめようかな」と思うような落書きである。いや、ひとりで訪ねた女性が、相合い傘マークの下に木村拓哉と書いた切ない落書きなのかもしれない。

——密度。

天后宮。大陸からやってきた中国人の参拝客が目立つ廟だった(鹿港)

摸乳巷。壁の落書きで、日本人タレントの台湾での人気度がわかるかも(鹿港)

摸乳巷をぼんやり眺めながら考えてみる。保存区や九曲巷にしても、路地は狭く、家々は寄り添うように建っている。台北の街も、家の密度が高く、細い路地が続いている。それは中国大陸では、あまり目にしない風景だった。いや、中国大陸お得意の再開発の結果なのかもしれない。大陸でも、とり残されたような街は、細い路地が続いていた。

人だろうか。大陸の中国人に比べると、台湾の人たちはウエットなところがある。しかしそれが、平埔族という先住民族の血と、どうつながっているのかがわからない。

フィリピンやインドネシアの人々は、中国人に比べると、当たりが優しい。穏やかに木陰に座り、涼しい風が吹いてくるのを待っているようなところがある。どれも引っかかるのだが、「これだッ」と膝を打つようなものがない。

しかしなにかが違うのだ。

それをみつけたくて鹿港の街を歩いているようなところがある。一七〇〇年代の創業だという古い漢方薬局の前で佇む。なにかがみつかりそうなのだが、そのとば口から動けずにいる。

天后宮《ティエンホウゴン》という廟の近くで、シャコのから揚げを食べた。鹿港の名物である。こ

鹿港の名物シャコのから揚げ。ひと皿150元。日本のシャコに比べるとずいぶん小さい

の店に入る前に廟のなかのベンチにしばらく座っていた。一七二五年に建てられたという。もう三百年近く前の話だ。周囲には当時の写真が展示されている。清の時代だから、男たちの髪は弁髪だ。中国大陸からの団体観光客がやってきて、その写真を食い入るように見ていた。

「中国大陸で消えてしまったものが、台湾には残っているってことだろうか」

シャコを食べながら阿部カメラマンと話す。

「あの廟の奥のほうまで行ってみたんですよ。なかなかのもんですよ。ここは」

「そういえば、日本で消えてしまった日本も台湾に残っている」

「昔の日本家屋とか」

「カレーとか……」

それが台湾の本省人気質に通じるのだろうか。なかなか答に辿り着けずにいる。

各駅停車で台湾一周を試みたが

冒頭で鉄道を使った台湾一周について触れた。そう難しいことではない、といいたいところだが、それは高鐵《ガオティエ》と呼ばれる台湾の新幹線や自強号《ズーチャンハオ》などの特急を使った場合に限られる。

たとえば台北から島の西側を走る自強号の台東行きに乗る。台南、高雄を通り、島の南端をまわって、一気に台東に着いてしまう。朝の十時ぐらいの列車に乗れば、午後の四時前には台東にいる。翌日は東側を北上する列車に乗る。朝の十一時台の自強号に乗ると、台北着は午後の五時頃になる。列車に乗りっぱなしのようなスケジュールになってしまうが、朝早い列車などを選んでいけば、途中の街を楽しむ余裕も生まれてくる。

いろいろと列車のスケジュールを組むためには、時刻表がほしいところだ。しかし台湾ではこの時刻表の入手が難しい。インフォメーションセンターや窓口に行けば、すぐに渡してくれる時刻表は、その駅を発着する列車が書かれたものだけだ。紙一枚に収まってしまう。しかし、台湾一周を考えたときは、全島版の時刻表がほしい。

しかしこれが手に入ったり、入らなかったり……。以前、台北駅では、駅構内にある鉄道グッズや駅弁を売る店に並んでいた。しかし、いつの間にか消えてしまった。

昨年（二〇一二年）、台北駅のインフォメーションセンターで訊いてみた。すると、

「はい、これ」

と、鉄道グッズ店で売っていたものの最新バージョンを渡された。

「ここに移ったのか」

と財布に手を伸ばすと、

「無料です」

という英語が返ってきた。

時刻表が無料になった。ちょっとうれしかった。

台湾の時刻表は、六十ページほどの小冊子だ。この程度だから、無料にもなるのだが。

ところが今年（二〇一三年）、インフォメーションセンターに出向くと、冊

台湾の鉄道の急行や特急は復興、莒光、自強など時代がかった名称。もうじき変わる？

子型の全島版時刻表はなかった。

「ライセンスの問題なんです。地方の駅に行けばあるかもしれませんが、台北では渡せなくなりました」

「ライセンス？」

時刻表を販売するという既得権をどこかがもっていて、無料の配布にストップをかけたということらしい。再び鉄道グッズの売店に並ぶのだろうか。

台湾の列車の時刻表はネットで簡単に見ることができる。それをプリントしてもっていったほうがいい。かなりの枚数になってしまうが。

特急や新幹線ではなく、もっとゆっくりと台湾を一周したい……。できれば各駅停車の列車なんてどうだろう。そう考える人もいるかもしれない。実は僕も、そう考えてしまったひとりだった。そのときは、全島版の時刻表が手元にあったので、調べてみると、これがなかなか大変だった。

ネックは、南まわり線とも呼ばれる高雄と台東間、そして花蓮《ホワリイエン》と台東間の列車だった。各駅停車は区間車と呼ばれるが、この路線を走る各駅停車は一日一本しかなかった。それも朝四時台といった時間帯や夕方に発車し、夜九時以降に着くという運行だった。どの国でもそうなのだが、普通列車は通勤や通学用に限定されつつある。その列車に日程を合わせていかなくてはならなくなってくる。

それでもなんとか各駅停車を使って台湾を一周した。台湾の東部幹線から西部幹線にまわっていくルートをとった。台北から各駅停車を乗り継いで花蓮に着いた。そこから先、台東に向かう普通列車は、夕方の五時半すぎに発車する一本しかなかった。

列車に乗り込んだ。車内は学校帰りの高校生が次々に乗り込んできた。日本だったら部活帰りといった時間帯だが、なにしろ一日に一本しかないのだから、列車通学の学生は全員がこの列車に集まることになる。

車内を見まわし、一瞬、国が変わったのかと思った。高校生たちの顔つきが、台北あたりで目にする学生と違う。フィリピンやインドネシアと同じなのだ。彼らが話す中国語と顔だちがしっくりこない。学生たちの大半は、先住民族だったのだ。特急列車では出会えない世界だった。

列車はゆっくりと発車した。吉安《ジーアン》、志学《ジーシュエ》、豊田《フォンティエン》……と各駅に停車していく。学生たちはひとり、またひとりと、小さな駅に降りていく。あたりはすっかり暗くなっていた。代わって乗り込んできたのは、先住民族の男たちだった。仕事帰りなのか、一杯飲んできたような男性もいた。しばらくすると、彼らの座るボックス席から歌声が流れてきた。漢民族の歌とは違った哀調を帯びたメロディーはインドネシアの村を思い出させた。

台東についたのは、夜の九時半をまわっていた。

翌朝は六時台の列車に乗った。そんな列車旅になってしまう。

第九章

台湾在住者が提案する
週末台湾

台北郊外に残る天母古道

細木仁美

台湾で「古道」といえば、その多くは、日本統治時代に山間僻地の駐在所を結んでいた理蕃道《リーファンダオ》を指す。「理蕃」とは先住民政策のことだが、山地に住む先住民たちは山中を自由自在にしていたので、この古道が必要だったのは日本人のほうだったのだろう。台湾には一〇〇以上の古道があり、それぞれに歴史・文化・悲喜こもごものストーリーがある。

以前、太魯閣渓谷《タイルーゴーシーグー》へ行ったとき、断崖に切り立った岩の並びのような古道を見た。登山コースになっているので申請すれば歩くこともできるとガイドさんに聞き、いつかは登ってみたいと思ったものである。

しかし、そんなに気負わずとも登れる古道もある。我が家の近所にある「天母《ティエンムー》古道《グーダオ》」もその一つで、週末のジム通いに飽きたときにぴったりである。

天母にはインターナショナルスクールや日系デパートが多い。郊外の住宅地ではあるが、台北の雑踏に疲れた旅行者にもおすすめだ。

左に水道管がある古道のメイン道、階段は歩幅調節で結構疲れます

とはいえここ数年の健康ブームもあって、天母の登山道にも遠方からのハイキング客が増えてきた。体を斜めにして登り下りをしなければいけないほどの混雑に遭遇することもあったが、五月のある日、午前九時頃に久々に訪れると人はまばらだった。

入口には、こんな説明書きがある。

「日本統治時代に造られ、『水管（水道管のこと）路歩道』とも言われる。陽明山《ヤンミンシャン》の水を天母と士林《シーリン》に提供し、その水は山々の緑も潤し、標高３００m」

この古道は、かつて用水路として利用された「水管　路歩道《シュイグワンルーブーダオ》」と、更に昔からある「魚路古道《ユイルーグーダオ》」（金山地方の漁港で捕れた魚を台北まで運ぶために利用された山道）に由来する。

入口から山泉水が湧いているところまでは、延々と一〇〇〇段以上の階段道が続く。五月の台湾は太陽が顔を出すとすぐに夏気温になる。汗が流れてきた。キンモクセイも満開で、花の香りにむせ返るほどだ。

天母古道の全長は約二・六キロ。最初の中継点は、中山北路七段の二三二巷口《ジョンシャンベイルーチードワンシャンコウ》の地点で、入口から約十五分、六五〇メートルの距離にある。山道とは別に右へ延びていく二三二巷道は高級別荘地につながり、ここまで車で来て歩き始める人もいる。

さらに登ると、直径一メートルはあろうかと思われる黒くて大きな水道管が階段の左側に延びているのが見えてきた。

東屋が設けられた休憩地点に着くと、台北市内が一望できる。ここから引き返してもいいし、その右側の温泉地帯へつながる紗帽路に出てもいい。湧き水があるので、持参のペットボトルなどに水を詰める人も多い。この水でお茶を淹れるとおいしいのだという。左側に行くと、陽明山にある文化大学《ウェンファーダーシュエ》の方向に出る。陽明山まではここから一四〇〇メートル、四十五分ほどだ。

陽明山コースを選んで進むと、「猿出没注意」の標識を見つけた。野生のタイワンザルが出るらしい。露天食堂のおじさんによると、サルに会いたいのなら午後三時半ごろがいいという。以前もサルに遭遇したことがあるが、木々がざわめいてきたかと思うと、数匹のサルが鳴きながら木から木へと飛び渡り始め、道の食べ物を拾って食べたりしていた。

亜熱帯の植物群を眺めながら進むと開けた場所に出る。ここで引き返してもよいが、さらに竹藪の階段道を登ってみる。登りきると愛富三街《アイフーサンジィエ》という開けた場所に出る。目の前の道を右に登っていくと、かつてのアメリカ軍兵士たちの住宅地に入っていった。ここを過ぎると「文化大学」のバス停があり、学生たちに交じってバスで帰宅。時計を見ると、まだお昼前だった。

■天母古道

淡水線「芝山」駅で下車。バス224番、267番、601番、紅19番に乗り換え、「天母」バス停で下車。下車後は天母派出所方向に中山北路七段を突き当たりまで進む。台北市内からなら、聯営バス220番、224番、267番、535番、601番、685番、中山幹線、紅19番で「天母」バス停へ。帰路は「文化大学」バス停から260番あいは紅5番バスに乗車すると、MRT「剣潭」駅まで行ける。

手づくり市で台湾らしさに出合う旅

林綾子

日本の友人から、「週末台北」しにやって来るという連絡があった。すでに来台歴は十本の指で足りるかどうかのリピーターである。さて、今回はどこへ連れ出そうか……。

そこで思いついたのが主に週末に開催されているフリーマーケットや手づくり市である。かつてはほとんどガラクタ市のような有様だったが、ここ数年でだいぶ変わった。台湾の若手デザイナーの作品も売られていて、お土産にも最適だ。

まずは、日本人在住者も多い郊外の住宅地で開催される「天母市集《ティエンムーシージー》」。金曜の夜に出かけたせいか規模は小さめで、古着や使い古しの玩具などが中心だった。お目当ての革製品のお店では職人さんが作品をつくる姿を見学できた。値引き交渉も当たり前で、「デパートは三〇〇〇元。本当は一二〇〇元だけど、買ってくれるならもっとマケルヨ！」と、お店のおばちゃんが声をかけてくる。購入した新品のトップスは、たったの一〇〇元だった。

ボロ家の向こうにそびえるTAIPEI101を見上げながらお買い物
(Simple Market)

翌日は、西門町《シイメンディン》で開催されている「西門紅樓《シイメンホンロウ》　創意市集《チユワンイーシージー》」へ。Tシャツやアクセサリーなどの手づくり品が並ぶ。レトロなレンガづくりの『西門紅樓』の中にも、洋服・雑貨・シルバーアクセサリーなどの店が軒を連ねている。

続いて訪れたのが、台湾大学近くの「公館《ゴングワン》　創意《チユワンイー》　跳蚤市集《ティアオザオシージー》」。公館夜市を抜けたあたりにある『自来水《ズーライシュイ》園区《ユエンチュイ》』という公園で行われている。ブースは五〇ほどと意外と小さめで、手づくり品は六割ほど。それ以外はリサイクル品だ。めぼしいものが見つからず、同じ敷地内にあるバロック式建築『自来水博物館《ズーライシュイボーウーグワン》』と近くのバラック風建物がアート基地になった『寶藏巖《バオザンイエン》國《グゥオ》際藝術《ジーイーシュウ》村《ツェン》』を見学する。

そのまま、「師大露《シーダールゥ》天《ティエン》文《ウェン》創《チュワン》市集《シージー》」へ。大学の敷地内で開かれる手づくり市は、若者の出店が目立つ。魅力的な作品がたくさんあり、缶バッジやポストカード、陶器などを購入。「いつもここにいるの？　また買いに来るね！」「Facebook 教えて～」と、お店の人とのやり取りを楽しむ。

最終日はＴＡＩＰＥＩ１０１近くの「Simple Market」に。元々、『四四南村《スースーナンツェン》』という軍人村であり、現在は昔の雰囲気そのままに『台北市信義公民会館《タイベイシーシンイーゴンミンホェイグワン》』としてお洒落に生まれ変わった。古さと新しさがミックスされた佇まいは絵になる。お洒落な手づくり食品や雑貨の店が並び、有機野菜を売るブースもある。手づくり豆花《ドウホワ》を片手に、芝生の上に座ってお洒落アーティストのライブに興じれば気分は台北人。敷地内のステキカフェ＆ショップ『好，丘』も見逃せない。台湾らしいお土産にきっと出合えるはず。

お洒落よりもディープな雰囲気を体験したいという方には「福和橋跳蚤市《フーフォーチャオティヤオザオシー》場《チャン》」もいいかもしれない。

■天母市集

【住所】台北市中山北路七段×天母東路・天母西路（天母広場）

【開催日時】金16時～22時、土9時～15時／16時～22時、日15時～21時

【ホームページ】http://www.tianmu.org.tw/

■西門紅樓創意市集

【住所】台北市成都路10号（西門紅樓北広場）

【開催日時】土14時（夏季15時）～22時、日14時～21時30分

【ホームページ】http://redhousetaipei.blogspot.tw/

■公館創意跳蚤市集

【住所】台北市汀州路三段１６０巷（自来水園区量水室古蹟広場）

【開催日時】土14時～22時、日14時～21時

【ホームページ】http://gongguan.wordpress.com

■師大露天文創市集

【住所】台北市師大路39巷１号（師大夜市入口）

【開催日時】金～日17時30分～22時30分

【ホームページ】http://www.ord.ntnu.edu.tw/market

■Simple Market

【住所】台北市松勤街54号（信義公民会館中央広場）

【開催日時】第２・４土13時～19時（リサイクル品）、日13時～19時

【ホームページ】http://tw.streetvoice.com/users/simplemarket/

■福和橋跳蚤市場

【住所】新北市永和区福和橋下（ＭＲＴ頂渓駅１番出口より「新北市新巴士」バスＦ５２２・Ｂ路線「福和公園」下車徒歩１分）

【開催日時】平日６時30分〜８時30分、土日６時30分〜12時

※いずれも悪天候等で中止の場合、当日各ホームページ上で告知される。出店店舗は毎回抽選で決定のため、その都度異なる。

家庭で楽しむ台湾料理

小関由美子

夫の赴任に伴い台北に住みはじめて四年余り。中国語がわからなくても、つくり方を見たり食べればわかるからと、料理教室に通ったりしました。おかげで、中国語はあまり上達しないにもかかわらず、日々の食材購入や中華料理の注文には、あまり困らなくなったように思います。

私が普段購入する物だけでなく、駐在員家族がお土産に購入した物や、かつて日本に住んでいた台湾人女性が、日本に持っていった食材などを聞いてみました。そのなかから、簡単に台湾の味が家庭で楽しめるものを選んでご紹介します（❶〜❹は266ページの購入先と対応）。

■台湾《タイワン》蚵仔《オーアー》味《ミー》麺《ミィエン》線《シィエン》（双鶴《シュワンホー》、60元／280g）❷

蚵仔麺線（かき入りソーメン）がつくれます。パッケージの裏面に日本語で書かれたつくり方で、麺とスープをつくってください。生がきに片栗粉をまぶして茹でたものと香菜を載せるとできあがりです。

■地瓜粉《ディーグワフェン》と甜辣醤《ティエンラージャン》（金蘭《ジンラン》、45元／３４０g）❶

地瓜粉はサツマイモでんぷん粉、甜辣醤はスイートチリソースです。夜市の定番の蚵仔煎《オーアージエン》（かき入りお好み焼き）がつくれます。地瓜粉は最近スーパーで見かけなくなったので、モチモチ感は多少減りますが片栗粉で代用することも可能です。

【蚵仔煎のつくり方】

①多めの油を引いたフライパンで小ぶりの生かき（１００g）を炒めます。②ザク切りした白菜（少々）を加え、その上に卵を割り落とし軽く混ぜます。③卵が固まりかけてきたら、片栗粉50gを水１００ccで溶いたものを回しかけ、全体が透明になってきたら軽く混ぜ合わせ、裏返して焼いてから平皿に取ります。④香菜と甜辣醤をかけてでき上がりです。

■波的多《ボードードゥオ》　蚵仔煎味（華元食品《ホワユエンシーピン》、原味《ユエンウェイ》と辣味《ラーウェイ》は19元、超厚物《チャオホウウー》は20元／各50g）❶

蚵仔煎味のポテトチップスです。甜辣醤をつけて食べると、屋台の味に近づきます。

■黒麻油《ヘイマーヨウ》（黒ごま油）（126元／350ml）❹

黒ごま油です。麻油鶏《マーヨウジー》がつくれます。

【麻油鶏のつくり方】

①骨付きの鶏もも肉（200g）を茹でこぼしします。②鍋に黒麻油50ccを入れてから弱火にかけ、皮つきのままスライスした生姜を炒めます。③香りが立ってきたら、①を入れ、焼き色が付いたら火を止めます。④鶏肉がかぶるまで日本酒（あれば純米酒）を注いでから、再び火をつけます。⑤アルコール分が完全に飛ぶまで20分くらい煮込み、塩を加えて味を調えます。

■珍珠脯《ジェンジュウプー》（家家《ジャジャ》、45元／250g）❷

だいこん漬けです。台湾料理の定番「菜脯蛋《ツァイプーダン》（切干大根入りオムレツ）」がつくれます。古漬けのたくあんを粗みじん切りしたもので代用することも可能です。

【菜脯蛋のつくり方】

①珍珠脯を水に漬け、塩抜きをします。②①と長ネギの粗みじん切りをごま油で炒め塩、胡椒、うま味調味料で味付けをしてから、ボウルに取り出して冷ましておきます。③粗熱が取れたら溶き卵を混ぜ、ごま油を引いたフライパンで両面を焼くとでき上がりです。

■油葱酥《ヨウツォンスー》と油蒜酥《ヨウスワンスー》（真好家、共に30元／57g）❶

油葱酥は揚げエシャロット、油蒜酥は揚げニンニクです。魯肉飯《ルーロウファン》（豚肉のそぼろかけご飯）がつくれます。油葱酥は、炒め物やスープ、おこわなどに入れるだけで、いつもの料理が簡単に台湾風に変身する便利な食材です。

【魯肉飯のつくり方】

①バラ肉塊（600g）を包丁で粗みじん切りにし、油を引いた中華鍋（フライパン）で炒め、火が通ったら、醤油大さじ5、酒大さじ2を加え炒めます。②水500ccを加え、灰汁《あく》を取りながら煮込みます。③煮立ったら、砂糖大さじ3、油葱酥と油蒜酥各大さじ2、五香粉小さじ1を加え、弱火で30分程煮込むとでき上がりです。

ひき肉を使用してもよいのですが、食感があまりよくないので、お勧めできません。本来は、砂糖ではなく氷砂糖を使います。油蒜酥は、ニンニクのみじん切りに代えてもOKです。また、五香粉が苦手な方は、入れなくてもOKです。

■高山金針《ガオシャンジンジェン》（新泰豊《シンタイフォン》、105元／50g）❷

ユリの花を乾燥させたもの。薬膳スープや金針湯《ジンジェンタン》がつくれます。

【金針湯のつくり方】

①金針を洗ってから、ガク近くの固い部分を手でちぎり、水にしばらく漬けて戻し

ておく。②豚肉、または鶏肉で出汁を取ったスープに①を入れ、塩、胡椒などで味を調えてでき上がりです。

■港式酸辣湯《ガンシースワンラータン》・川式酸辣湯《チュワンシースワンラータン》（共に康寶＝クノール、46元）、または港式酸辣湯（美極＝マギー、45元）❶

つくり方は、パッケージ裏面にあります。

■鍋粑《グオバー》（65元）❸

おこげ料理をつくります。おこげをお皿に並べ、その上に熱々の八宝菜をかければでき上がり。粉末の中華スープ（例えば酸辣湯）はとろみがあるので、おこげにかけても合うと評判です。

■烏龍茶葉またはティーバッグ

「茶葉蛋《チャイエダン》」がつくれます。茶葉蛋をつくるためには香辛料パック「茶葉蛋滷包《チャイエダンルーバオ》」（30～40元）」が、スーパーで売られていますが、一度に20～30個もつくるためのものなので、家庭用なら烏龍茶葉で代用できます。

【茶葉蛋のつくり方】

①固い茹で卵をつくり、スプーンの腹などで殻を割らないように気を付けながら全体にヒビを入れます。②茹で卵がかぶるくらい水を注ぎ、烏龍茶葉またはティーバ

ッグ、八角（スターアニス）、桂皮（シナモン）などの香辛料、塩、醤油少々を入れてから火にかけ、蓋をしたまま弱火で約1時間煮込みます。③蓋をしたまま冷ませばでき上がりです。

■沙茶醤《シャーチャージャン》（牛頭牌《ニョウトウバイ》、53元／127g）

ポン酢に沙茶醤を混ぜれば、台湾風のしゃぶしゃぶのタレになります。焼きそばや炒めものにもよく使われる万能調味料です。

■紅葱肉燥《ホンツォンロウザオ》（牛頭牌、69元／175g）

青菜のお浸しに載せたり、ワンタンスープに入れたり、焼きビーフンに混ぜるだけで、簡単に台湾風になる優れものです。

■油膏《ヨウガオ》（金蘭《ジンラン》、55元／590ml）

甘めのたまり醤油といった感じで、ピータン豆腐や青菜のお浸しなどにかけるのによく使われます。高価なオイスターソースの代用品として、炒めものなどに使用する方も多くおられます。

■麺筋《ミィエンジン》（青葉《チンイエ》、25元／120g）

缶詰には「湯葉のうま煮」と日本語で書かれていますが、湯葉というより厚揚げと油揚げの中間といった感じです。しっかりした味付けなのでそのまま食べられますが、お粥のお供に人気です。花生《ホワシォン》（ピーナツ）や蓮子《リエンズー》（蓮の実）入りのものなども、売られています。

■波覇粉圓《ボーバーフェンユエン》（日正《リージェン》、38元／200g）❶

波覇とは大粒のタピオカのこと。珍珠奶茶《ジェンジュウナイチャ》（タピオカミルクティー）がつくれます。

【珍珠奶茶のつくり方】

①沸騰したたっぷりのお湯で波覇粉圓を30分茹でたら火を消し、蓋をして30分蒸らす。②流水で洗いぬめりを取ってから水気を切り、ガムシロップを回しかけてタピオカが固くなったり、くっついてしまうのを防ぐ。③コップに適量を入れ、ミルクティーを注げばでき上がり。

※冷たい珍珠奶茶には極太ストロー（粗吸引管）を使うと、更に本格的です。

■JASMINE GREEN TEA JELLY MIX（雀巣＝ネスレ、93元）、または茉莉茶凍粉《モーリーチャドンフェン》（恵昇食品《フウエイションシーピン》、30元）

茉莉緑茶凍《モーリーリュチャドン》（ジャスミン茶ゼリー）がつくれます。パッケージ裏面に書かれている通り、お湯に粉末を溶かし、冷蔵庫で固めるだけ。お好みで、果物を添えたり、コーヒー用ミルクをかけて。

■豆花粉《ドウホワフェン》（恵　昇食品《フゥエイションシーピン》、26元）

豆花がつくれます。パッケージ裏面には、豆乳のつくり方から書いてありますが、成分無調整豆乳を使えば簡単です。ただ、一袋全部を使ってしまうと、大量にできてしまうので、気を付けてください。

■花生粉《ホワションフェン》（ピーナツ粉）（日正《リージェン》、49元／150g）

安倍川餅のきな粉を花生粉に代えると、台湾の伝統的なおやつ「花生麻糬《マーシュ》」風になります。

■台湾ビール

空港内の免税店には缶ビールが置いていないことが多いようなので、スーパーやコンビニなどで購入しておくとよいでしょう。

【食材の購入先】

❶頂好超市（WellcomeSuper）　台北市林森北路247號B1F（台北市内に他店舗あり）　http://www.wellcome.com.tw/

❷新光三越南西店一号館　台北市南京西路12號B2F　http://www.skm.com.tw/

❸新東陽　台北市林森北路282號（台北市内に他店舗あり）　http://www.hty.com.tw/

❹信成蔴油廠　台北市民生西路96號　http://www.scoil.com.tw

台北で客家文化に触れる

木村実希

台湾には「花布《ホワブー》」という伝統的な花柄の布があります。私は旅先で、自分へのお土産としてよく布を購入するのですが、初めて出合った花布の美しさは忘れられません。鮮やかな赤地に花びら五枚の白い花。中国語で「桐花《トンホワ》」という客家《クゥージャ》のシンボルとされるお花でした。花布のルーツは客家にあるそうです。

桐花は日本語ではアブラキリバナと訳されることが多いようですが、台湾では「五月雪」と呼ばれることもあります。四月から五月にかけて台湾北部で一斉に咲き、遠くから眺めると山に雪が降ったように白く見えるからだといわれています。雨の多い季節なので、雨に打たれて花が次々と落下する様子は幻想的で美しいものです。

台湾の人はお祭りやイベントが好きで、季節のことは何でも行事にしています。桐花が咲く時期にも、日本の桜祭りのような桐花節があります。会場では屋台が出たり、桐花関連商品が販売されていたり、桐花のボディペインティングをしてもらったり、思い思いに楽しんでいます。桐花観賞ができる場所は各地にありますが、台北市内からは土城地区にある土城桐花公園《トゥチェントンホワゴンユエン》がアクセスがよく、おすすめです。

客家は少数民族の中では一大勢力であり、テレビでは客家専門チャンネルがあったり、MRT車内でも北京語、台湾語に続いて客家語のアナウンスがあります。台電大樓駅《タイディエンダーロー》（淡水線《ダンシュイシィエン》）の近くには、客家文化主題公園《クゥージャウエンファーズーティー》があります。客家の名前がついた公園は台湾各地にあるのですが、こちらは二〇〇九年に開園した新しい公園です。公園内のセンターでは客家出身アーティストの展覧会を開催したり、民族衣装や住居、地域ごとの特産品が常設展示されていたりと客家文化の理解が深められる構成で、修学旅行生が見学している場面に遭遇したこともあります。センターは日中のみの開館ですが、公園は一日中開園しているので、夜の散歩もおすすめです。ライトアップされていて綺麗ですよ。

先日はこの公園で美濃《メイノーン》（高雄市《ガオシオンシー》）の物産展がありました。板條《バンティヤオ》（うどんのような麺）を注文。台北市内の客家料理店は一皿の分量が多いので少人数では楽しみづらいのですが、物産店なら一人でも気軽に楽しめます。土産物コーナーでは売り場のおじさんやおばさんとのやり取りも楽しめます。

地方に足を延ばしづらい週末旅行では、各地の物産展を楽しんでみるのもよいか

土城桐花公園の桐花節にて、桐花飾りを売るおじさん。満面の笑みに元気づけられた

もしれません。

■土城桐花公園
新北市土城区承天路一四九号（桐花観賞におすすめ）
MRT板橋線で台北駅からは約三十分。桐花の期間中、終点の永寧駅もしくは土城駅から会場（土城桐花公園）までの専用バスが出ていて便利です。例年4月頃に開花情報がでます。

■客家文化主題公園
台北市中正区汀州路三段二号
淡水線台電大樓駅下車、5番出口より約5分。バスは253線、673線など。月曜休。

台湾の秘境温泉を車で制覇

広橋賢蔵

台湾在住十二年にして、車を購入した。遠出しようと、あれこれプランを立てたが、なかでもそそられたのが、秘境温泉を目指すドライブルートだった。台湾は島の中央を山脈が貫いており、三千メートル級のピークが百以上点在するなど、全島が山深い。そのあちこちにいで湯があって、地図を開いてみると、温泉マークが点々としていたりする。

台北近郊なら公共の交通機関で行くこともできるが、秘境温泉を発見するならドライブが最適だ。

台湾南部には高雄から台東に抜ける横断道路がある。その中ほどに軒並み温泉マークが並んでいる。まずは高雄県の寶来温泉郷《バオライウエンチユエンシヤン》から台東側に抜ける峠、梅山《メイシヤン》までを目指した。寶来温泉まで二時間弱の道のり。先住民の集落が点在していて、食堂の快活なおばちゃんとお話できたり、何かと沿道を楽しめるルートでもあった。

寶来温泉は、バナナ農園や稲作地帯が広がる農村地帯を抜け、遠くに山脈を望む

ひと晩かけ、苦労してたどり着いた秀巒温泉は、観光客をもはばむ山深い小さな村のなかにあった。景色もいで湯も独り占め、というのがなんともうれしい

風光明媚な場所にあった。山から流れる渓流沿いに数ヵ所の宿や温泉施設が点在していたが、日本のように男女別の露天風呂ではなく、どこを見てもみんな水着を着ている。この近隣にあった「不老温《ブーラオウエン》泉《チュエン》」というそそられるネーミングの施設にも泊まったのだが、裸で入れる大浴場はなく、部屋付きの内風呂だけだった。ちなみに湯は透明。

そんななかでやや味わいがあったのが、少年渓温泉。小さな渓流沿いまで徒歩で入ってゆくと、川の脇に四角く囲った露天の湯殿が現われた。マイナーな場所なのか、常連らしい地元の利用者が四〜五人、のんびり湯につかっているだけだった。料金は無料。

次は北部ルート。通常の北部横断道路は桃園《タオユエン》県《シィエン》復興郷《フーシンシャン》が正式ルートとなっているが、温泉マークの多い、やや南側の新竹の山岳地帯へ入ってから、中腹で横断道路に合流する、という湯めぐりルートを取ることにした。

秀巒温泉《ショウルワンウエンチュエン》という場所を目指すために、山道を進んでいったのだが、途中で日が暮れてしまった。そこで、峠にある先住民集落の民宿でひと晩ご厄介になったのだが、翌日の朝のすがすがしかったこと！　標高は一二〇〇mくらいあったと思うが、山々に囲まれていただく一杯のコーヒーの美味しかったことは、今も思い出される。

お目当ての秀巒温泉は、人がいないうちに行こうと、明るくなってまもない早朝に訪ねていったが、これが渓流沿いに立てかけた石に「←温泉」とペンキでなぐり書きされただけの場所。なにやら砕かれた岩がゴロゴロしているなか、ぽっかり五人くらい入れる湯だまりがある。近くでごみを拾っている先住民らしいおじさんに尋ねると、「運がよかったな。台風のせいで水があふれて、流されてしまったんだが、最近また掘り起こしたんだよ」と教えてくれた。

湯の加減を確かめると、ちょっとひんやりする山の朝にはちょうどいい温度だった。渓流沿いの天然の湧き湯は、台湾には点在しているが、地元の利用客で占拠されていたり、進入禁止になっていたりで、独占して入浴できることは少ないだけに、わざわざひと晩かけて山奥にきた甲斐はあった。

秘境温泉のなかには、時おり吹き荒れる台風の影響で川が氾濫し、埋もれてしまったりする場所もあって、メンテナンスがたいへんなようだ。その後、北部横断道路に出るまでに、数ヵ所の温泉マークを目指したが、壊滅寸前、という温泉地もあることがわかった。

横断道路の本線に出てから東海岸に向かうが、この沿道にも渓流沿いの芃芃温《ブォンブォンウエン》泉《チュエン》、太平山の脇に仁澤温泉《レンゾーウエンチュエン》などがあったが、どちらも平野部の便利な場所にあることから、けっこうな人でにぎわっていた。

エピローグ

海外にいることを忘れそうになる瞬間……それが台湾にはある。看板の文字はすべて漢字で、僕は中国語がからっきしできないというのに、日本を離れているという意識が消えてしまうときが、台湾にはある。

それはとるに足らないような些細な彼らの行動や発想にふと出合ったときだ。たとえば空港から市内へ向かうバスに乗る。バス停名を示す電光掲示板をぼんやり眺める。高速道路を走っている間は、バス停名も表示されない。その代わり、こんな文字が浮かびあがる。

「公車動態系統測試中」

厳密な意味……といわれると自信がない。しかしバスの速度を試験的に測っているらしいことはわかる。これをどう理解するかは見解が分かれるところかもしれない。道路の混み具合を測定していると素直に読んでもいいし、この測定をしているということで、スピードの出しすぎを抑えている……と理解する人もいるだろう。問題はそういうことではなかった。それを電光掲示板に映し出す感覚だった。いや、その発想だった。

　僕はさまざまな国でバスに乗る。気になることは、渋滞や事故である。降りるバス停がわかるだろうか、という不安もある。運賃の支払い方法がわからず気をもむときもある。しかし台湾では、そんな不安に駆られることは少ない。車内には必ず、何ヵ所かに路線図が掲げてある。それは漢字だから、ある程度の予測はつく。しかしバス停に次々に停まっていくバスでは、降りる場所がわかりづらい。そんなときは、少し手前で運転手に訊いてみる。といっても、バス停名を書いたメモを見せるのだが、そのときのバスの運転手が実に親切なのだ。身振り手振りで、「あと三つ」だとか、「教えるからそこに座っていなさい」と伝えてくれる。

　漢字の発音は難しいが意味がわかるという有利さはある。しかし、それだけではないなにかが台湾にはある。

　上海の漢字は簡体字だが、かなり理解できる。しかし運転手とのやりとりは、こうはいかない。親切な運転手もいるが、彼らは、僕の不安を理解できていないようなところがある。わかりあえない部分がある。しかし台湾人は、こちらの気持ちを酌んでくれる。普通に反応しているのだが、こちらが困っていることをわかってくれるのだ。

勘……？　そういうことなのかもしれない。

海外の都市のなかで、最も長く滞在しているのはバンコクだ。暮らしたこともある。タイ語も学んだ。だから、台湾に比べれば、はるかにコミュニケーションはとれるのだが、わかりあえない部分も多い。タイ人も親切だ。ときにお節介なところもあるが、いい人たちだ。しかし僕にとっては、いまだ海外の街である。そこが、バンコクという街の面白さではあるのだが。

その伝でいえば、台湾には吹き出してしまうような痛快な話はあまりない。旅の日々は淡々とすぎていく。僕は旅を書くもの書きだから、これはちょっと困る。意図しているわけではないが、どこかトラブルに巻き込まれることを期待しているようなところがある。その渦中にはまると、それは大変なことなのだが、なんとかすり抜け、ふーッとひと息ついた後で、書く素材がひとつみつかった獲得感のようなものを頭のなかでは考えているのだ。

しかし台湾にはそれがない。

トラブルはあるのだが、たちどころに、その理由がわかってしまう。おそらくその背後には、日本と同じ発想が潜んでいるのだろう。

台湾は楽なのだ。

きりきりと胃に差し込むようなストレスを抱えて、南に向かう飛行機に乗る。タイをはじめとする東南アジアの空港に降りたときは、人格をひとつ、ふたつと捨てることができるような脱力感がある。しかし台湾のそれは少し違う。根っこのところでわかってくれるような人々に接し、どこかひと息ついているようなところがある。楽になっていることに変わりはないのだが。

そんなことを考えながら、ホテルのエレベーターに乗る。ドアの横に、

「反毒品　反雛妓運動之旅館」

というパネル式の標語を目にして、ついにんまりしてしまう。休息という文字を表の看板に堂々と出し、こういう建前をしらっと掲げる発想は、日本のラブホテルとまったく同じではないか。

エレベーターのドアが閉まりかけたとき、ひとりのおばさんが近づいてくるのが見えた。「開」のボタンを押して待っていると、おばさんは、申し訳なさそうな表情で頭を何回かさげ、少し腰をかがめるような姿勢で乗り込んできた。僕が日本人だとわかったのだろう。「謝々」とはいわずに、目線でお礼を伝えてくる。日本のおばさんそっくりだった。これがタイ人のおばさんなら、満面の笑みをつくって、「コップクンカー」というところだろう。

どこかウエットで、日本人のような身のこなしの理由を、日本の統治時代に求めていくことは簡単なことだ。いなりずしの話をしていたとき、ひとりの台湾人が、遠くを見るような目をしてこういった。

「いなりずしって、買うものじゃなくて、母親がつくってくれるもんだったんですよ。うちでは、一ヵ月に一、二回、いや一週間に一回……」

それは日本人が母親の味噌汁を語るような話だった。そんな台湾人の口調に、この島に根づいた日本の食文化の深さを感じとってしまう。

台中の彰化《ジャンファ》駅前の定食屋に入った。メインの料理を決めると、野菜などを盛りつけて定食にしてくれる。若い店員は、

「あれは？」

と壁を指さした。そこには十五元でつく味噌汁のポスターが貼ってあった。どうもこの店の売り物のようだった。それはやや薄い台湾風の味噌汁なのだが、あたり前のように、地方都市の定食屋に味噌汁があるのが台湾だった。日本食は台湾の食文化の一画にちゃんとした場所をつくっていた。

夜市のカレーライスやたくあん、そして日本酒……。台湾はそういう島だった。

しかしいくら、植民地時代に刷り込まれた日本の味が残っているといっても、日

台湾人の舌には、母親のつくったいなりずしの味が刷り込まれている

本人と同じような発想をする人々という部分につながるわけではない。食べ物は重要な要素かもしれないが、それですべてを説明するには無理がある。

家庭？　そんなことも考えてみる。台湾には家庭というものがあるのではないか。いや、どの国にも家庭というものはあるのだが、そこに流れる空気には温度差がある。

アジアはどこも共働き社会である。以前の日本が例外的な存在だった。シンガポールの家庭は外食が多い。アパートの一階や近くに、ホーカーズと呼ばれる屋台風の食堂がある。そこで食事をとることが多い。あるシンガポールの若者は、こんなことをいった。

「母の味？　それはホーカーズの味ですよ」

　タイの家庭では、食事は母親がつくることが多いが、それはつくり置きの感覚で、子供たちはおなかがすくと、勝手にご飯をよそい、おかずを載せて食べてしまう。一家で食卓を囲むという発想が薄い。

　そこへいくと、台湾、中国大陸、韓国、日本といったエリアは、儒教の影響を受け、家というものへのウェイトが重くなる。

　しかし中国大陸は、社会主義に洗われ、男女の平等意識が進んだ。共働きは当然のことで、夕飯は父親と母親が交代でつくる家庭が多かった。沿岸部では仕事が忙しくなり、その後、外食も増えていったというが。

　そんな話を台湾人に振ってみる。

「子供の頃、家族全員で夕ご飯は食べていました。母は働いていたけど、早めに帰って夕食をつくってました。父親が三十分ぐらい遅れるときは、おなかがすいていても待たなくちゃいけなかった。食べるとき、よく注意されたのは、残さないこと。残すといいお嫁さんになれないっていわれたこともある。手には神様がいて、ご飯を残すと、その祟りがあるって、怖い顔で注意もされました。小さい頃は、手に神様がいるって、本当に信じてましたよ」

その女性が囲んでいたテーブルを思い浮かべてみる。日本の家庭の食卓とあまりに似ていて、なにか怖さすら覚える。違うのは親が口にする教えの内容だけだ。台湾にもさまざまな家庭があるだろうが、家庭での夕食のイメージは、日本人と共有していた。戦前、日本はこの島で皇民化政策を行っていった。それは日本的な価値観の押しつけだったが、台湾人と一緒に暮らしていたわけではなかった。台湾人にしても、日本の思想への距離感はあったはずだが、同じ儒教という生活規範にそれほど抵抗はなかった気もする。日本の流儀のいくつかを、これは使える……とばかりにとり込んでいったのかもしれなかった。

司馬遼太郎風にいえば、文化とは、些細な行動や習慣の総体である。家で食卓を囲み、そのなかで子供たちは礼儀や作法を身につけていく。大人が口にする会話から社会を理解していく。その過程が似ているということが、日本人と台湾人のなかで、共通の分母をもつことになるのだろうか。

台北で泊まっているホテルの近くに、朝食専門のハンバーガー屋がある。そこでコーヒーを飲みながら、「アメリカ……」などと思いをめぐらしてみる。

アメリカナイズという言葉がある。世界のなかで、その傾向が強いのは、日本、台湾、韓国といった極東地域だといわれている。戦前、このエリアは日本の領土になっていた。しかしアメリカと全面対決した日本の敗戦は、太平洋の向こう側にあるアメリカという戦勝国を引き込むことになる。中国に成立した社会主義政権は、極東の戦後処理以上に、アメリカにとっては脅威だった。時代は東西冷戦のただなかだった。日本、台湾、韓国にフィリピンを加えたエリアは、中国の社会主義が拡大していくことを防ぐ前線でもあった。

終戦直後、沖縄に景気時代というものがあった。日本は極端に物資が不足していた。空襲の被害が比較的少なかった台湾には、砂糖や米、茶などがあった。それを沖縄の人たちが中継貿易という形で日本へ運び込んだ。明らかな密輸だった。沖縄は琉球王国時代、中国と東南アジアを結ぶ中継貿易で栄えた。彼らのなかに流れている血が、密貿易に走らせたのかもしれない。

台湾側の積み出し港は東海岸の蘇澳《スーアオ》だった。そこから与那国島に運び、沖縄本島を経由して関西まで運んだ。密輸といっても、台湾の物資を買いつけなくてはならない。沖縄本島に撃ち込まれた砲弾の薬莢などの鉄が集められ、物々交換ではじまった密輸だった。沖縄では、この中継貿易で儲ける人が次々に出てくる。景気時代といわれたゆえんだった。

密貿易はますますエスカレートしていった。薬莢より高価なもの。アメリカ軍基地内にある武器だった。彼らは基地内に忍び込み、武器を盗み出したのだった。この行為がやがて、沖縄の人々の首を絞めていくことになる。

当時の台湾には、かなりの数の中国共産党のスパイがいた。沖縄から台湾に渡ったアメリカ軍の武器が、彼らを通して、中国共産党に流れていく事実が発覚する。朝鮮半島でアメリカ軍は、中国共産党とも戦っていたのだから、これは問題だった。沖縄の貧しさを目のあたりにし、密輸を大目に見ていたアメリカ軍だったが、そこに武器が含まれ、大陸に流れているとなると、見過ごすわけにはいかなかった。アメリカ軍は密輸組織の摘発に乗り出し、景気時代は一気に終息していくのだった。

なにかあの時代の名残はないだろうか。与那国島と台湾の蘇澳の港を歩いたことがあった。蘇澳には琉球人町もあったという。しかし当時の痕跡はひとつもなかった。蘇澳の街には、石敢當《いしがんどう》ひとつなかった。石敢當とは、中国文化圏や沖縄の人々の魔除けである。塀などに石敢當と書かれた石板をはめ込んだりする。

なぜこうも、みごとに密貿易の跡が消えたのだろうか。アメリカ人は大雑把な国民だから、彼らが摘発しただけなら、そこかしこに密輸の跡は残っているはずだった。沖縄の人も、そして台湾の人もアメリカが怖かったのに違いなかった。英語を操る大柄な男たちを心底、怖れていた気がする。だから徹底的に、その跡を消したのだろうか。

アメリカのトルーマン大統領は戦後、台湾には、「干渉しない」という姿勢を見せた。しかし朝鮮戦争が起きると、第七艦隊を派遣し、台湾海峡を封鎖していく。台湾も日本同様、アメリカの軍事力の庇護のなかに入れられていくのだ。

コインの表と裏。アメリカナイズとアメリカへの怖れは、そんな関係のように思う。アメリカへの憧れは、コンプレックスの裏返しなのだろう。台北の街を歩いていると、しばしば美語、つまり英語学校の看板を目にする。その数は、東京の英語学校の看板と同じほどの密度に思う。

日本人にも台湾人にも、アメリカへのコンプレックスがある。それは、漢民族がいちばん優れているという中華思想が顔をのぞかせる大陸の中国人とは明らかに違う。圧倒的に強く、豊かな国の存在を認めるか、認めないかの問題なのだろう。

まるでアメリカ人のように、ハンバーガーを頬ばり、薄めのコーヒーを飲むことは、台湾人にとってはかっこいいことなのだ。漢民族の朝食を凌駕するかのようなハンバーガー屋の数がそう物語っている。

あれはいつ頃のことだったろうか。二十年前のことだ。僕はマカオから船で高雄に渡った。昔はそんな航路があったのだ。そのときの旅は、東シナ海から南シナ海

語学学校や留学の看板が目立つ台北。この看板は大きすぎますが

をできるだけ船でまわってみようという旅だった。神戸から堅真号《ジイエンジエンハオ》という中国のフェリーで上海に渡り、そこから錦江号という客船で香港へ。そしてマカオから高雄までマクモサ号という船に乗った。高雄からは基隆《ジーロン》と沖縄に寄って大阪に向かう飛龍《フェイロン》という船に乗るつもりだった。しかし高雄から基隆まで、台湾の沿岸を走る区間の乗船を拒否されてしまった。西海岸にある軍事基地が目に触れてしまうことが、その理由だった。

「軍事衛星がこれだけ飛んでいる時代に、隠すような基地があるわけないんです。台湾の政府は頭が古くて困ったもんです」

船会社の担当の老人は、流暢な日本語で恐縮したものだった。

しかたなく高雄から基隆までは長距離バスに乗った。しかしその車内で、僕は不思議な感覚にとらわれることになる。アメリカの高速道路を走っている気分なのだ。理由はバスだった。アメリカを西へ東へと走るグレイハウンドバスによく似ていた。椅子の配置、冷房の吹き出し口……いや、グレイハウンドのバスだったのだ。おそらく中古のバスがアメリカから台湾に渡ったのだろう。

台湾が高度経済成長に入るきっかけはベトナム戦争だった。アメリカは台湾から大量の軍事物資を調達し、多額のドルが台湾に流れ込んだのだ。それは朝鮮戦争で経済復興のきっかけをつかんでいった日本によく似た構図だった。台湾はその後も、アメリカとの親密な経済関係を保つことで豊かさを手にしていく。台湾独立の動きを支援していったのも、アメリカに渡った台湾人だったといわれる。

戦後の台湾は、時期こそずれるものの、日本と同じ構造のなかで発展してきたのだ。

そのなかで育っていった台湾人の発想……。日本人が考えていることがわかる感覚は、そんな歴史が生んだものなのだろうか。コンプレックスを抱きながら、アメリカに憧れる意識は、どこかで通じるのだろうか。

ある日本人がこんなことをいっていた。

「台北の書店で猫の写真集を手にとってみたんです。可愛いって思う感覚が日本と同じなんですね。猫の表情とか、しぐさをカメラマンが撮る。そのなかから、きっと台湾の女の子にうけるであろう写真を選んでいく。そこでセレクトされたもの……日本人と同じものに、可愛いって感じるようなんです。台湾の人は」

台湾の観光地に出向くと、ときどきひとりでやってきた若い女性に出会う。カメラとガイドブックを手に、旅を楽しんでいる。きっと日々の仕事が大変なんだろうなぁ……と勘繰ってしまうのだが、東南アジアや中国で、こんなひとり旅の女性と

交通安全のために保護者が駆り出される台湾。やはり日本に似ている

出会ったことがない。東南アジアの女性たちも、休日に近郊やレトロな市場を訪ねたりするが、必ず女友達と一緒なのだ。気の合ったふたりか三人で、車で郊外に向かう休日旅である。そんなところも、台湾人は日本人に似ている。

いま、コーヒーを飲んでいる店の向かいは小学校である。登校時間で、母親に連れられた低学年の子供や、ひとりで登校する高学年の子供が、横断歩道を渡っていく。その脇で黄色い旗を手に、車を停め、子供たちを誘導しているのは母親たちだ。日本では老人などの地域ボランティアの人が立ってくれているが。

母親たちは、もちまわりで、横断歩道の脇に立つのだろう。それを決めるのは、親たちが組織するPTA？　台湾の小学校には、それもあるような気がした。やはり台湾の人たちは、日本人と同じ発想をする。その理由がいまだにみつからず、僕はついぼんやりと街を眺めてしまう。

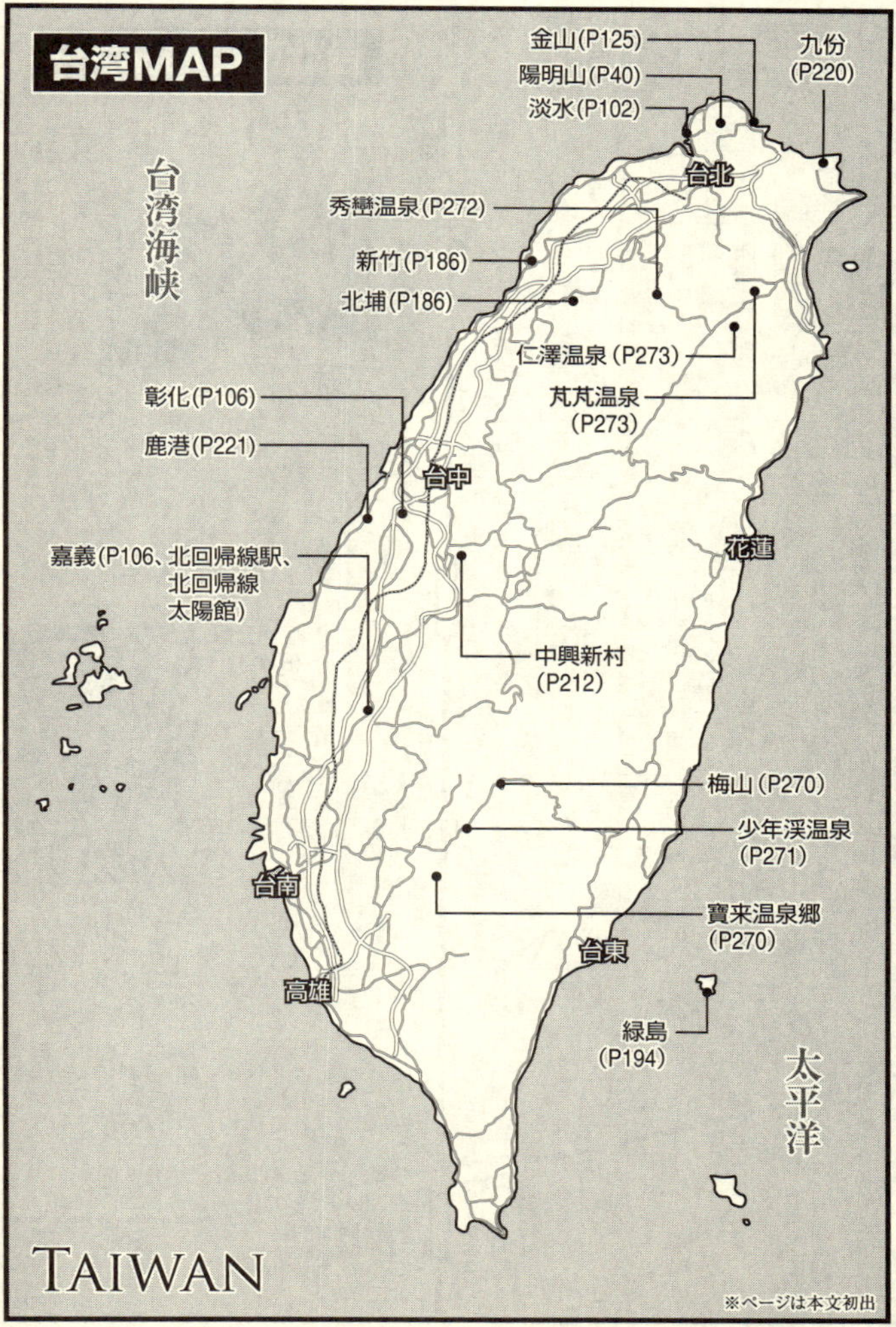

台湾MAP
金山(P125)
陽明山(P40)
淡水(P102)
九份(P220)
台北
秀巒温泉(P272)
新竹(P186)
北埔(P186)
仁澤温泉(P273)
芃芃温泉(P273)
台湾海峡
彰化(P106)
鹿港(P221)
台中
花蓮
嘉義(P106、北回帰線駅、北回帰線太陽館)
中興新村(P212)
梅山(P270)
少年渓温泉(P271)
台南
寶来温泉郷(P270)
台東
高雄
緑島(P194)
太平洋
TAIWAN
※ページは本文初出

地図作成：師田吉郎

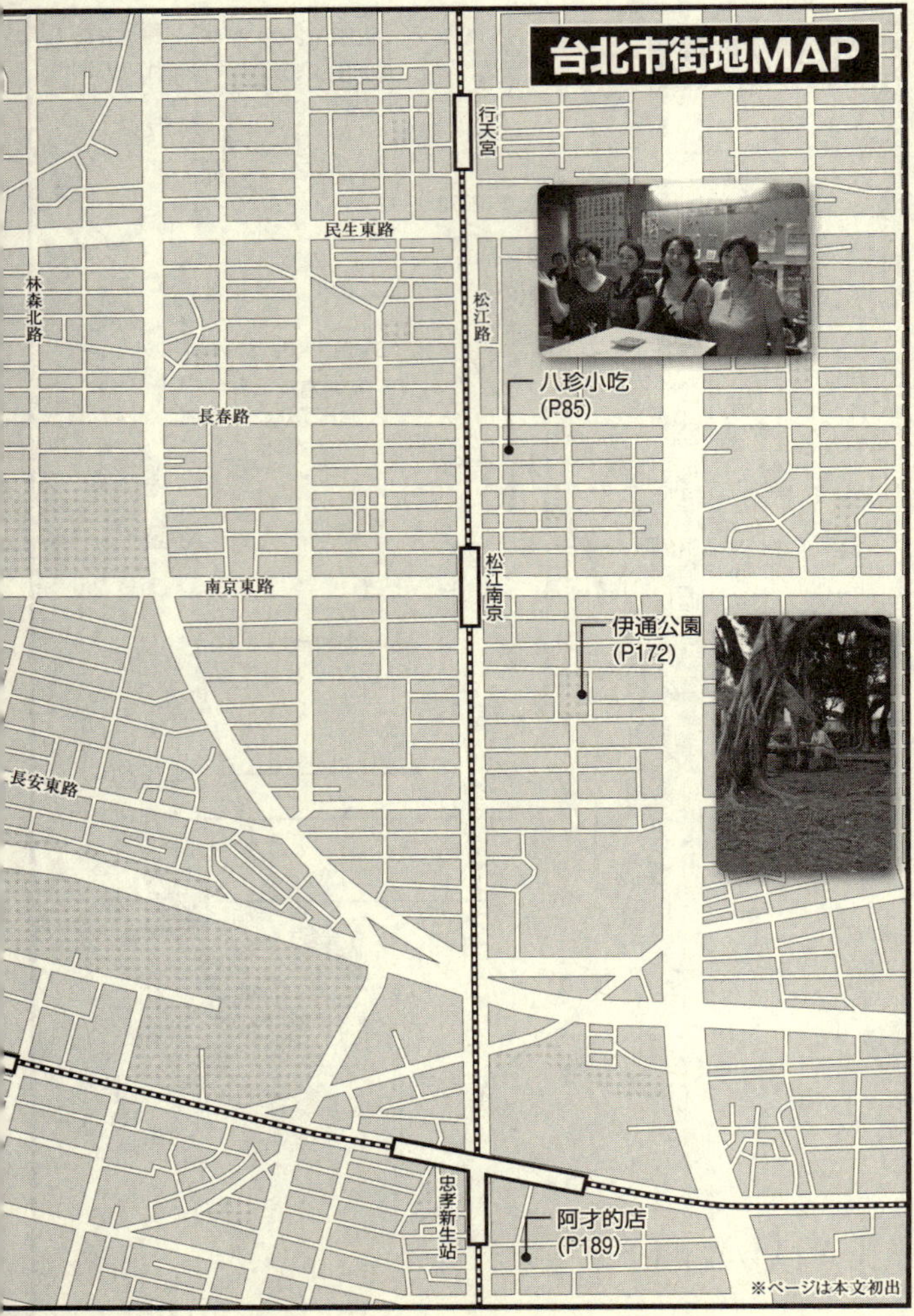
台北市街地MAP
行天宮
民生東路
林森北路
松江路
八珍小吃
(P85)
長春路
松江南京
南京東路
伊通公園
(P172)
長安東路
忠孝新生站
阿才的店
(P189)
※ページは本文初出

淡水河
自転車ルート
レンタサイクル
（大稲埕碼頭、P103）
寧夏路夜市（P132）
民生西路
和泰大飯店（P62）
民権西路站
關渡・淡水へ
中山北路
雙連站
國賓大飯店の
バス停（P18
太原路
蘭庭
（旧梅軒、P59、62）
南京西路
中山站
嘉榮大旅社（P58）
獅城大旅館（P52）
長安西路
第一壽司
（P158）
金龍大旅館（P55）
台北車站
三友麵店（豆乳の店、P67）
新驛旅店
（旧南国大飯店 P48,60）
善導寺
西門站
中山南路
台電醫院站
天命庵
（P164）
徐州路

週末《しゅうまつ》台湾《たいわん》でちょっと一息《ひといき》　朝日文庫

2013年8月30日　第1刷発行
2015年8月10日　第6刷発行

著　　者　下《しも》川《かわ》裕《ゆう》治《じ》

写　　真　阿《あ》部《べ》稔《とし》哉《や》

発 行 者　首藤由之
発 行 所　朝日新聞出版
〒104-8011　東京都中央区築地5-3-2
電話　03-5541-8832（編集）
03-5540-7793（販売）
印刷製本　大日本印刷株式会社

ISBN978-4-02-261772-9